Beate Volmari

Die Hochzeit planen

So wird es ein tolles Fest

Vom Antrag bis zum Honeymoon.
Mit heraustrennbaren Checklisten und Notizblättern.
Brauchtum, Tipps und Trends.
Und vielen Ideen für die Gäste

Ludwig

Inhalt

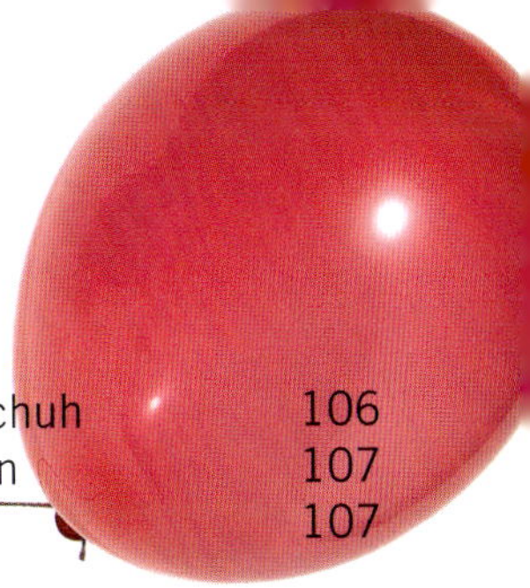

Zur Einstimmung

O wie lieblich, o wie schicklich,
Sozusagen herzerquicklich,
Ist es doch für eine Gegend,
Wenn zwei Leute, die vermögend,
Außerdem mit sich zufrieden,
Aber von Geschlecht verschieden,
Wenn nun diese, sag ich, ihre
Dazu nötigen Papiere,
Sowie auch die Haushaltssachen
Endlich mal in Ordnung machen
Und in Ehren und beizeiten
Hin zum Standesamte schreiten,
Wie es denen, welche lieben,
Vom Gesetze vorgeschrieben;
Dann ruft jeder freudiglich:
»Gott sei Dank! sie haben sich!«

Wilhelm Busch

Vorwort

Die Hochzeit war und ist für die meisten Menschen das wichtigste Familienfest. Es wird oft monatelang geplant und vorbereitet. Bei keinem anderen Fest wird so viel Wert auf Etikette, Traditionen und Bräuche gelegt. Auch wenn das nicht jedem Brautpaar bewusst ist.

Als eine frisch verheiratete Bekannte hörte, dass ein wichtiger Bestandteil dieses Buches alte Hochzeitsbräuche sind, rümpfte sie ein bisschen die Nase und erklärte, Bräuche seien nicht ihr Fall. Umso entzückter war ich von ihren Hochzeitsfotos, zeigten sie doch das Brautpaar bei der Ausübung zahlreicher bekannter Hochzeitsrituale. Denn nichts anderes ist das Tragen eines weißen Hochzeitskleides und Haarkranzes, der Tausch der Eheringe, das gemeinsame Anschneiden der Hochzeitstorte und das Pflanzen eines Brautbaumes.

Doch egal, ob Sie Ihre Hochzeit traditionell oder völlig unkonventionell feiern wollen, ein gelungenes Fest erfordert Planung und gezieltes Organisieren. Dabei ist es wichtig – ähnlich wie ich es bei der Konzeption dieses Buches getan habe – nicht alles auf einmal zu planen. Denn dadurch verliert man schnell den Überblick, und die Hochzeit würde Ihnen als unentwirrbares Chaos erscheinen. Organisieren Sie Schritt für Schritt und erledigen Sie mit Hilfe der Checklisten eins nach dem anderen: Termine, notwendige Papiere, Menü, Tischordnung, Unterkunft der Gäste.

Außerdem erleichtern Sie sich den Überblick, wenn Sie beispielsweise die verschiedenen Angebote von Restaurants, Hotels und Druckereien gleich thematisch geordnet in einem großen Ordner abheften und alles in den Finanzplan eintragen.

Schon die Vorbereitungen für dieses vielleicht wichtigste Fest Ihres Lebens sollen zum Vergnügen werden. In diesem Sinne wünsche ich Ihnen eine wunderschöne Brautzeit, ein gelungenes Hochzeitsfest und natürlich eine glückliche Ehe!

Beate Nolmari

Zauber und Orakel

Sind Sie abergläubisch?

Kaum ein anderes Ereignis im Leben war und ist derart mit Aberglaube behaftet und mit Ritualen verbunden wie eine bevorstehende Hochzeit.

In früheren Epochen war die Hochzeit das erstrebenswerteste Ziel der meisten Mädchen und Frauen. Wer nicht heiratete, galt schon mit 25 Jahren als alte Jungfer. Hämisch hieß es: »Die hat keinen mehr abgekriegt.« Gesellschaftlich gesehen war eine ledige Frau ein Nichts. Entsprechend groß war die Neugier der Mädchen gegenüber diesem Ereignis.

Mit Orakelspielen versuchten sie herauszubekommen, ob und wen sie heiraten würden. Eine Methode, etwas über eine mögliche Eheschließung zu erfahren, war das Pantoffelwerfen. Das Mädchen musste ihren Pantoffel über die Schulter nach hinten werfen. Jetzt war entscheidend, wie er auf dem Boden aufgekommen war: Zeigte die Pantoffelspitze zur Tür, stand eine Hochzeit bevor, zeigte die Ferse zur Tür, ließ ein heiratswilliger Mann noch auf sich warten.

Möchte ein Mädchen den Anfangsbuchstaben vom Vornamen des zukünftigen Mannes erfahren, so muss es alle Buchstaben des Alphabets an die Zimmertür schreiben. Mit verbundenen Augen und vorgestreckter Hand geht es dann auf die Tür zu. Der entscheidende Buchstabe ist der, den das Mädchen mit dem Finger berührt.

Liebeszauber dienten dazu, dem Glück ein bisschen auf die Sprünge zu helfen. Will eine Frau oder ein Mann die Liebe eines bestimmten Menschen entflammen, so können sie die Wurzeln des Bilsenkrauts zu Hilfe nehmen und daraus eine menschliche Figur schnitzen. In die Brust werden zwei von einem Pfeil durchbohrte Herzen geritzt. Die Figur wird unter Murmeln von Beschwörungsformeln an einer Stelle eingegraben, die die auserwählte Person möglichst oft betritt.

- Der Mondstein gilt als Glücksbringer in Liebesangelegenheiten.
- Bleibt ein Mädchen oder eine verwitwete Frau an einem Dornenzweig hängen, will ein Witwer sie zur Frau nehmen.

Als zuverlässiger Prophet einer möglichen Hochzeit galt der Apostel Andreas. So wurde besonders gern die Andreasnacht am 30. November für Orakelspiele benutzt. Mancher jungen Frau genügte es nicht, nur zu erfahren, ob sie heiraten würde. Sie wollte den Zukünftigen auch sehen. Dazu muss die Frau am Andreasabend vor dem Zubettgehen einen Zauberspruch aufsagen, damit ihr der zukünftige Mann im Traum erscheint:

»Heiliger Sankt Andreas,
Meas, Peas,
Lass mir erscheinen den
Herzallerliebsten meinen.
In meiner Gewalt,
In seiner Gestalt,
Wie er geht und wie er steht.
Lass ihn erscheinen beim Bier
und Wein,
Soll ich mit ihm glücklich
sein;
Soll ich mit ihm leiden Not,
Lass ihn erscheinen bei
Wasser und Brot.«

In anderen Regionen war es üblich, dass das Mädchen in der Andreasnacht dreimal um das Haus geht und danach in den Brunnen oder in einen Spiegel schaut. Auch dann soll ihr der Zukünftige erschienen sein. Aber hier war Vorsicht geboten, denn manche – so heißt es – wurde für diesen Vorwitz mit Erblindung bestraft.

Regeln zur Wahl des Hochzeitstermins Neben allerhand Aberglauben dienten früher feste Regeln zur Bestimmung des Hochzeitstermins. Auf dem Lande wurde meist im beginnenden Frühling, im Herbst oder im Winter geheiratet. Im Sommer fehlte der Landbevölkerung dazu die Zeit. Die Hochzeit im Frühling hatte für den Bauern auch einen praktischen Nebeneffekt: Mit der Frischangetrauten erhielt er im Sommer gleich eine zusätzliche billige Arbeitskraft. Bei Herbsthochzeiten wurde gern gesagt, der Bräutigam heiratet, »damit er im kalten Winter eine Bettflasch hat«.

Der Sonntag war als Hochzeitstag tabu, an ihm durfte nicht gefeiert werden. Aber auch der Samstag war ungüns-

Das Margeriten-Orakel

Bei diesem auch heute noch weithin bekannten und beliebten Orakel werden reihum die Blätter einer Margerite abgezupft. Dazu sagt man folgende Verse:

»Er liebt mich
von Herzen,
mit Schmerzen,
über alle Maßen,
kann's gar nicht
fassen,
insgeheime,
nur zum Scheine,
auf ewig,
klein wenig,
oder gar nicht.«

Entscheidend ist natürlich die Zeile, bei der das letzte Blütenblättchen abgezupft wird.

Übrigens

Das können Sie nicht beeinflussen: Scheint die Sonne am Hochzeitstag, so bedeutet das Glück für die Ehe. Geld kommt in die Ehe, wenn ein paar Regentropfen in den Brautkranz fallen. Viel Regen bedeutet Unglück und Hiebe für die Frau. In manchen Gegenden aber gilt ein ordentlicher Platzregen als Glücksbringer, denn »wenn es der Braut auf den Kranz regnet, es ihr auch Glück und Kinder regnen wird«.

tig, denn womöglich wäre dann bis in den Sonntag hinein gefeiert worden. Der Montag wiederum kam auch nicht in Frage, man hätte den heiligen Sonntag mit Hochzeitsvorbereitungen entweihen müssen. Der Freitag galt als ernster Tag. Er war dem Beten und Fasten vorbehalten. Bei einer Hochzeit an diesem Tag hätte man in Süddeutschland großes Unglück befürchtet. Hochzeiter, die dennoch den Freitag als Termin wählten, behielten Zeit ihres Lebens den Spottnamen »Fritigsmichel«. In Norddeutschland dagegen war der Freitag ein beliebter Hochzeitstermin. Die nordische Göttin Freia galt als Ehegöttin.

Als Unglückstag galt der Mittwoch. Mittwochsbräute, so munkelte man, würden schon bald in ihr Elternhaus zurückkehren. An vielen Orten war es üblich, dass Schwangere mittwochs im Anschluss an die Betstunde heiraten mussten. Statt der Hochzeitspredigt gab es eine Strafpredigt und auch der letzte Dorfbewohner wusste von der »Schande«.

Am beliebtesten waren Dienstags- und Donnerstagshochzeiten. Das soll schon in heidnischer Zeit so gewesen sein. Denn die beiden Tage waren den Göttern Tiu und Donar geweiht, die dafür bekannt waren, der Ehe wohlwollend gegenüberzustehen.

Noch eine Anmerkung: Statistisch ist das alles nicht bewiesen, deshalb lassen Sie sich jetzt bitte bei Ihrer Terminplanung nicht durcheinanderbringen. Und selbst wenn in Ihrer Gegend starker Regen als Unglücksbringer gilt, sollten Sie die Hochzeit nicht unbedingt absagen.

Bauernregel

Im Sommer such ein
Liebchen dir
In Garten und Gefild!
Da sind die Tage lang genug,
Da sind die Nächte mild.

Im Winter muss der süße
Bund
Schon fest geschlossen sein:
So darfst nicht lange stehn im
Schnee
Bei kaltem Mondenschein.

Ludwig Uhland

Willst du mich heiraten?

Oder: Wie inszeniert man eine Frage?

Auch moderne Paare haben die Romantik wiederentdeckt und möchten auf Verlobung und Symbole der Zusammengehörigkeit nicht verzichten.

Wir alle kennen diese Szene aus alten Filmen: Der Mann sinkt vor seiner Liebsten auf die Knie und fragt: »Willst du meine Frau werden?« Errötend schlägt die Auserwählte die Augen nieder und haucht leise, aber glücklich: »Ja.«

Früher musste die Frau abwarten, bis der Mann bereit war, die entscheidende Frage zu stellen. Das ist heute nicht mehr nötig. Da darf ein Hochzeitsantrag auch von weiblicher Seite kommen.

Der Heiratsantrag

Ein formeller Antrag ist heute etwas aus der Mode gekommen. Doch wie sehr gefühlsbetonte Heiratsanträge immer noch ans Herz gehen, zeigen Fernsehsendungen wie die »Traumhochzeit«. Eine deutliche Sprache sprechen nicht nur die Einschaltquoten, sondern auch die Tränen der Rührung, die bei der Inszenierung außergewöhnlicher Hochzeitsanträge so manchem Showbesucher oder Fernsehzuschauer in die Augen schießen – von den Betroffenen ganz zu schweigen.

Bei manchen Paaren schlägt ganz nebenbei ein Partner vor: »Eigentlich könnten wir doch bald heiraten«, oder gar »Lass uns doch Steuern sparen und heiraten« – doch zeitlebens unvergessen bleibt die entscheidende Frage nur bei einer stilvolleren Inszenierung.

Der Phantasie sind keine Grenzen gesetzt:

- Bereiten Sie ein romantisches Essen bei Kerzenlicht und Champagner vor.

- Auch ein Mondscheinspaziergang bietet ein ideales Ambiente für den Heiratsantrag.

Mieten Sie eine Plakatwand, auf die Sie in Großformat Ihren Antrag sprühen.

Schreiben Sie Ihren Antrag mit riesigen Buchstaben auf ein altes Laken und hängen Sie es von einer Brücke, unter der die/der Auserwählte garantiert durchläuft oder -fährt. Sie können es auch quer über eine nicht zu breite Straße hängen. In diesem Fall brauchen Sie die Hilfe der Anwohner aus den oberen Stockwerken. Nachbarn unterstützen einen so netten Einfall sicher gern.

Mieten Sie ein paar Musiker und bringen Sie dem/der Partner(in) ein Ständchen.

Wenn Ihnen ein großes Publikum liegt, stellen Sie Ihren Antrag am Arbeitsplatz der Partnerin vor versammelten Kollegen. Wenn Sie zuvor den Feueralarm auslösen, versammeln sich alle auf dem Hof. Sprechen Sie das aber vorher mit dem Chef ab, sonst ist der Ärger hinterher womöglich größer als die Freude.

Schmücken Sie einen Baum im Garten des Partners mit bunten Bändern und Papier- oder Luftballonherzen.

Made in USA

In Amerika werden außergewöhnliche Heiratsanträge immer beliebter. Da wird beispielsweise ein Flugzeug gemietet, das ein Banner mit der Frage: »Pam, willst du mich heiraten?« über dem Wohnort der Angebeteten flattern lässt.

Ein Anwalt inszenierte gar eine Gerichtsversammlung, zu der er seine Verlobte als Zeugin vorlud. Im vollbesetzten Gerichtssaal fragte er dann die ahnungslose Herzensdame, ob sie seine Frau werden wolle.

Holzschnitt von Ludwig Richter (1803–1884) »Die Verlobung«.

Laden Sie die/den Liebste(n) zu einem Wochenendtrip ein und stellen Sie hier die wichtige Frage.

Doch Vorsicht: Wer den Antrag vor einer großen Menschenmenge stellt, sollte sicher sein, dass er auf Gegenliebe stößt und angenommen wird. Reagiert der Partner in dieser Situation mit einem »Lass uns lieber noch warten«, wird es peinlich.

Früher hielt der Bräutigam beim Brautvater um die Hand der Tochter an. Das ist heute wirklich unzeitgemäß, wissen doch die Eltern genau, dass die Tochter dem Liebsten meist schon viel mehr als nur die Hand geschenkt hat. Dennoch sollten Sie natürlich beide Elternpaare von der bevorstehenden Hochzeit informieren. Laden Sie sie doch zu einem Glas Sekt ein, wobei sich auch eine gute Gelegenheit ergibt, dass die Schwiegereltern dem zukünftigen Schwiegersohn bzw. der Schwiegertochter das »Du« anbieten. Und die beiden Elternpaare können sich jetzt kennen lernen, falls das noch nicht der Fall ist.

Egal ob Sie die bevorstehende Hochzeit bei sich zu Hause, bei den Eltern oder Schwiegereltern verkünden, es ist auf jeden Fall eine gute Gelegenheit, gemeinsam erste Überlegungen zum geplanten Fest anzustellen. Vielleicht kann auch gleich die Frage geklärt werden, ob die Eltern sich an den Kosten für die Hochzeit beteiligen oder sie sogar ganz übernehmen.

Wieder modern: die Verlobung

Verlobungen waren früher obligatorisch. Heute darf getrost darauf verzichtet werden. Doch aus der Mode gekommen ist die Verlobung dennoch nie. Rechtlich gesehen ist die Verlobung ein Vertrag. Deshalb müssen beide Partner voll-

So war es damals

Die Verlobung wurde früher Verspruch, Versprechen, Heiretstag oder Feste genannt und spielte eine bedeutende Rolle. Denn an diesem Tag wurde der Heiratsvertrag gemacht, in dem die wirtschaftlichen Verhältnisse geregelt wurden. Je größer das Vermögen, desto mehr Aufwand bei der Ausarbeitung dieses Vertrages. Nicht nur die Eltern und die Heiratswilligen waren bei den Vereinbarungen anwesend, sondern auch Bekannte und Freunde. Sie taten ihre Meinung kund, gaben Ratschläge und hatten die Möglichkeit, Einspruch gegen die Verbindung zu erheben. War man sich über den Heiratsvertrag einig geworden, wurde der Abschluss bei Essen und Trinken gefeiert.

Das Kranzgeld

Die kirchliche Verweigerung des grünen Jungfernkranzes für die Braut ist der geschichtliche Hintergrund für das so genannte »Kranzgeld«. Nach § 1300 BGB konnte eine Frau von einem Mann »Kranzgeld« verlangen, wenn der Mann seiner Verlobten »beigewohnt« hat und dann ohne wichtigen Grund vom Verlöbnis zurückgetreten ist. Dieses Gesetz wurde erst 1998 abgeschafft.

jährig sein oder die Einwilligung der Eltern bzw. eines anderen gesetzlichen Vormundes haben.

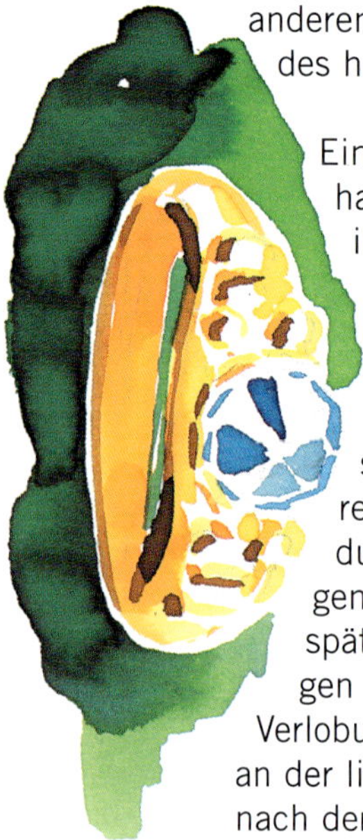

Eine geheime Verlobung hat nur für manche ihren Reiz. Die meisten frisch Verlobten möchten am liebsten der ganzen Welt ihr Glück verkünden. Sich selbst und allen anderen zeigen Sie Ihre Bindung mit Verlobungsringen, die normalerweise später als Eheringe getragen werden. Während der Verlobungszeit wird der Ring an der linken Hand getragen, nach der Hochzeit an der rechten.

Zwischenzeitlich als antiquiert verpönt, liegt die Verlobung heute ganz im Trend der Bekenntnisse zu großen Gefühlen. Eine rechtlich notwendige Voraussetzung für eine Eheschließung war sie nie – wohl aber ein gesellschaftliches Muss, ohne das eine Liebesbeziehung undenkbar war.

Verwandten und Freunden können Sie Ihre Verlobung in Zeitungsanzeigen oder auf Karten mitteilen. Wer eine Verlobungsanzeige erhält, gratuliert dem Paar natürlich und schickt ein kleines Geschenk oder Blumen. Wenn Sie möchten, können Sie Ihre Verlobung selbstverständlich auch feiern.

Der vordergründige Zweck einer Verlobungsfeier im Familienkreis ist, Eltern und Geschwister der Verlobten miteinander bekannt zu machen. Traditionell werden die Eltern des Bräutigams von den Eltern der Braut eingeladen, aber daran muss man sich heutzutage nicht mehr halten.

Die ideale Verlobungszeit dauert zwischen drei Monaten und einem Jahr. Paaren, die seit Jahren verlobt sind, nimmt man ihren Heiratswillen nicht mehr ab.

In anderen Hochzeitsratgebern steht an dieser Stelle meist, welche Konsequenzen die Auflösung einer Verlobung hat. Mit solch düsteren Gedanken möchte ich Sie verschonen. Zumal ich glaube, dass Sie im Falle einer Trennung erst gar keinen Hochzeitsplaner gekauft oder ihn bereits aus Ihrem Blickfeld verdammt hätten.

Trauringe und andere Zeichen der Verbundenheit

Der Ringbrauch wurde uns von den Römern überliefert. Bei ihnen übergab der Bräutigam

der Braut den Ring als Eheversprechen. Er galt als Unterpfand der Liebe. Auch bei den Germanen kannte man den Ring. Zu Zeiten des Brautkaufes legte man der Braut einen Armring an – eine Ehefessel im wahrsten Sinne des Wortes.

Als die Ehe nicht mehr durch Brautkauf zustande kam, sondern auf das Treuegelöbnis des Brautpaares gründete, wurde der Ring zum Treuering, zum Rechtssymbol für das Treueversprechen der Ehepartner. Der Glaube an die Symbolkraft des Ringes hat sich lange erhalten:

»Sie hat mir Treu versprochen,
gab mir ein Ring dabei,
sie hat die Treu gebrochen,
das Ringlein sprang entzwei.«

Die Kirche hat den Treuering in den Trauring verwandelt. Von ihr wurde auch der gegenseitige Ringwechsel bei der Trauung gefördert. Doch bis in die Neuzeit hielt sich vielerorts die Sitte, dass nur die Braut einen Ring erhielt.
Erst im Laufe des 19. Jahr hunderts wurden nahezu allerorts zwei identische Eheringe zur Gepflogenheit.

Oft lassen sich die Brautleute den Namen des Partners und das Hochzeitsdatum in die Innenfläche gravieren. Möchten Sie die Verlobungsringe als Eheringe verwenden, sollten Sie rechtzeitig vor der Hoch-

Alte Mythen

Der Trauring und die Treue

Auch heute noch sind viele von der magischen Kraft des Ringes überzeugt, von seiner Fähigkeit zu binden. Bei uns wird der Ehering an der rechten Hand getragen, in zahlreichen anderen Ländern dagegen an der linken. Der Grund dafür liegt im Volksglauben, dass vom vierten Finger der linken Hand eine Blutbahn direkt zum Herz führt.
Andere Mythen berichten, dass der Liebesnerv durch beide Ringfinger verläuft und dass alle Kraft verfliegt, sobald der Ring abgestreift wird. Beweise für diese Überzeugung finden sich auch heute noch hier und da, denn nicht selten ist das Verschwinden des Ringes in der Jackentasche der erste Schritt zur Untreue.

Allerlei Aberglaube

Der Trauring sollte vor Hexenkünsten und dem bösen Blick schützen. Außerdem dürfen Eheringe nie erneuert werden. Und dem zuerst Verstorbenen muss der Ring vom Finger gezogen werden, sonst muss der Ehepartner ihm bald ins Grab nachfolgen.

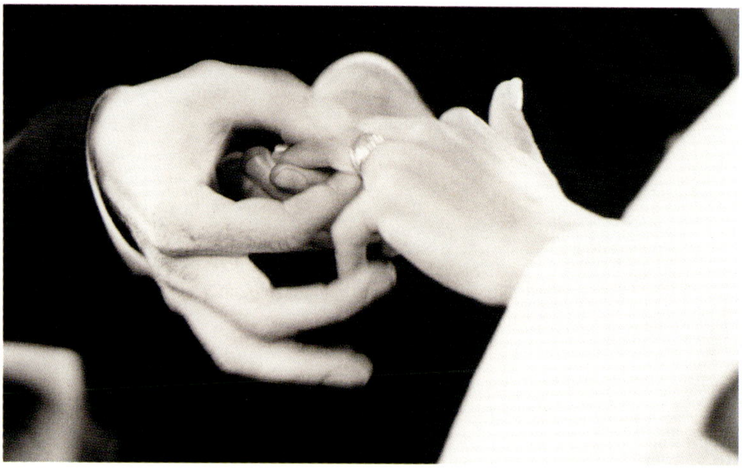

Eines der verbreitetsten Rituale ist das gegenseitige Anstecken der Eheringe – ein Moment ganz besonderer Innigkeit zwischen dem Brautpaar, egal ob auf dem Standesamt oder während der kirchlichen Trauung.

zeit überprüfen, ob sie auch an der rechten Hand passen. Nicht selten ist der rechte Ringfinger etwas stärker, und die Ringe müssen geweitet werden.

Der Tradition entsprechend müsste der Bräutigam die Ringe besorgen. Heute kaufen die Paare sie meist gemeinsam. Neben Ringen aus Gold werden Platinringe immer beliebter. Juweliere bieten eine unerschöpfliche Auswahl an Eheringen. Ob Gelb-, Weiß- oder Rotgold, Platin oder einc Kombination verschiedener Materialien, matte oder glänzende Oberfläche, glatt oder mit Verzierung, teuer oder preiswert – für jeden findet sich das Passende.

Der Brautbecher Früher spielte der sogenannte Brautbecher als Hochzeitsgeschenk eine wichtige Rolle. Der kostbare, von Silber- oder Goldschmieden gearbeitete Becher, wurde von Generation zu Generation weitervererbt. Er symbolisiert Gemeinschaft und Verbundenheit der Eheleute.

Die Form eines solchen Brautbechers ist geradezu unvergleichlich. An einem großen Kelch ist mit einer Art Scharnier der kleinere bewegliche eingehängt. Traditionell trinkt der Mann aus dem großen, die Frau gleichzeitig aus dem kleinen Becher. Dabei muss sie sich ganz und gar nach dem Mann richten und seinen Bewegungen nachgeben, um

Die Legende vom Brautbecher
Einst war ein Ritterfräulein namens Kunigunde einem Goldschmied in inniger Liebe verbunden. Doch ihr hartherziger Vater hatte kein Verständnis für die unstandesgemäße Liaison und ließ den Jüngling in den Kerker werfen. Das brach Kunigunde das Herz. Vor Kummer wurde sie schwer krank, so dass ihr Vater schließlich folgenden listigen Vorschlag machte: Falls es dem Goldschmied gelingen sollte, einen Becher zu arbeiten, aus dem zwei Personen gleichzeitig trinken können, wolle er in die Heirat einwilligen. Von seiner Liebe beflügelt, schuf der Goldschmied das Undenkbare: einen rockartigen Becher, den die Figur seiner Geliebten krönte, die zwischen den erhobenen Händen einen beweglichen Kelch hielt. Tatsächlich gelang es den Liebenden, zugleich aus dem Gefäß zu trinken. Damit war die Forderung erfüllt, und sie durften heiraten.

nichts zu verschütten. Böse Zungen behaupten, dass so die Anpassungsfähigkeit und Unterwürfigkeit der Frau geprüft werden soll.

Der Ehetaler Früher schenkte der Verlobte seiner Braut ein Geldstück als Ehepfand. Damit sollte die Erfüllung des Vertrages gesichert werden. Aus diesem Grund wurden junge Frauen ermahnt, kein Geld von jemandem anzunehmen, den sie nicht heiraten wollten. Sonst würde der Mann sich Ansprüche auf das Mädchen erwerben.

Oft waren die Geldstücke normale Münzen. Aber es gab auch spezielle Ehetaler und Hochzeitsmedaillen. Inschriften und Darstellungen bezogen sich auf die Ehe. Da viele der Münzen eine Öse hatten, konnten sie als Schmuckstück an einer Kette getragen werden. Gelegentlich ersetzte die Münze bei der Trauzeremonie den Ring.

»Cum Numine et Concordia«: »Mit Gott und in Eintracht« ist das Motto dieses Ehetalers. Solche oft nur Fünfmarkstück-großen Münzen sind auch heute noch ein hübsches Geschenk, das zu überreichen nicht nur dem Bräutigam vorbehalten ist.

Kosten und Termine

Planung ist die halbe Hochzeit

Rechtzeitige und genaue Planung erleichtert Ihre Hochzeitsvorbereitungen enorm. So verhindern Sie, dass alles in Stress ausartet oder Wichtiges vergessen wird.

Bevor Sie die detaillierte Organisation Ihrer Hochzeit angehen, sollten Sie sich über ein paar Grundsatzfragen klar werden.

1. Wie soll geheiratet werden: Nur standesamtlich oder auch kirchlich?

2. Soll eine kleine, mittelgroße oder große Hochzeit gefeiert werden, d. h. wie viele Gäste möchten Sie einladen?

3. Wie umfangreich ist Ihr Budget? Eine Hochzeit sollte Ihre finanziellen Mittel nicht übersteigen. Auch mit wenig Geld lässt sich eine schöne und originelle Hochzeit feiern.

Bei aller Planung und allem Kopfzerbrechen vergessen Sie nicht: Es ist Ihre Hochzeit, nicht die Ihrer Eltern, Verwandten oder Freunde. Deshalb lassen Sie sich bei der Organisation nicht zu sehr beeinflussen, sondern planen Sie eine Feier, die Ihrem persönlichen Stil entspricht. Das bedeutet aber nicht, dass Sie alles allein vorbereiten und erledigen müssen. Sie dürfen ruhig delegieren.

Ihr persönlicher Terminkalender

Je größer die Hochzeit, desto mehr Zeit sollte für die Vorbereitungen einkalkuliert werden. Wenn Sie großen Wert auf ein bestimmtes, mit Sicherheit sehr begehrtes Datum legen (beispielsweise den 9.9.1999 oder den 31.12.1999), sollten Sie schon viele Monate vorher die verschiedenen Termine fixieren. Die Anmeldung für die standesamtliche Trauung ist zwar erst sechs Monate vorher möglich, aber auf vielen Standesämter können sich Heiratswillige vormerken lassen.

Im Wonnemonat Mai haben Hochzeiten ihre Hoch-Zeit.

Deshalb müssen Kirche und Restaurant natürlich eher gebucht werden als für eine Novemberhochzeit. Auch Ihre Gäste sind für eine frühzeitig ausgesprochene Einladung sicherlich dankbar.

Der große Hochzeitsplaner auf den Seiten 65 bis 68 soll Ihnen helfen, Ihre individuellen Termine zu organisieren.

Ganz wichtig: der Finanzplan

Leicht verliert man bei der Hochzeitsplanung den Überblick über die Kosten. Ein genauer Finanzplan hilft Ihnen, unangenehme Überraschungen zu vermeiden.

Wer soll das bezahlen?
Zuerst muss geklärt sein, wer für die Kosten aufkommt. Bezahlt das Brautpaar die Feier allein oder richtet traditionell der Brautvater die Hochzeit aus? Beteiligen sich die Bräutigam-Eltern eventuell mit einer Finanzspritze?

Wenn Sie wissen, wie viel Geld Ihnen für die gesamte Hochzeit zur Verfügung steht, können Sie Ihren persönlichen Finanzplan aufstellen.

Von den Finanzen hängt ab, wie viele Gäste Sie einladen und wo Sie feiern. Eine Feier zu Hause oder im Garten (mit gemietetem Zelt) ist natürlich wesentlich preiswerter als im Restaurant. Aber dafür brau chen Sie sehr viel Platz und viele Helfer. Sonst wird die Hochzeit für Sie zum reinsten Horrortrip.

Beim Essen im Restaurant müssen Sie sich um nichts kümmern, dafür ist es recht kostspielig. Aber da bei einer Hochzeit ein festes Menü gebucht wird, steht der Preis für das Essen schon im voraus fest. Ein nicht unbeträchtlicher Posten jedoch sind die Getränke, deren Verbrauch Sie im Voraus nicht genau kalkulieren können.

Eine Alternative zum Restaurant ist ein gemieteter Saal, zum Beispiel im Gemeindehaus oder in einem Vereinsheim. Auch hier haben Sie viel Platz, aber das Fest wird billiger als im Restaurant. Sie können die Getränke selbst kaufen und das Essen bei

Unser Tipp

Klären Sie, ob die auswärtigen Gäste ihr Hotel selbst zahlen. Das ist durchaus üblich, allerdings muss es vorher abgesprochen werden. Sonst erleben die Gäste am Abreisetag unter Umständen eine böse Überraschung, wenn sie unerwartet die Rechnung vorgelegt bekommen.

Unser Tipp

Schlechte Musik ist ein absoluter Stimmungskiller! Falls Sie also die Band nicht schon von einem Live-Auftritt her kennen, lassen Sie sich unbedingt eine Kostprobe ihres Könnens geben. Die meisten Gruppen verfügen zu diesem Zweck über Demo-Bänder. Musiker finden Sie über Anzeigen, über den Künstlerdienst beim Landesarbeitsamt, durch einen Party- oder Hochzeitsservice, am Schwarzen Brett von Universitäten oder durch Empfehlung von Bekannten.

einem Partyservice bestellen. Auch Hilfskräfte für das Servieren können Sie über den Service mieten. Die Dekoration und das Aufräumen am nächsten Tag übernimmt vielleicht die liebe Familie als zusätzliches Hochzeitsgeschenk.

Nutzen Sie den Finanzplan auf den Seiten 69/70 und notieren Sie Angebote und Ausgaben. So können Sie immer kontrollieren, ob alles noch im Rahmen Ihrer finanziellen Vorstellungen liegt.

Falls Sie feststellen, dass die effektiven Kosten Ihre Möglichkeiten weit übersteigen, müssen Sie Einsparmöglichkeiten suchen:

► Möchten Sie nicht auf ein Essen in einem teuren Restaurant verzichten, streichen Sie vielleicht ein paar Gäste von Ihrer Liste.
► Wenn Sie jedoch auf keinen einzigen Gast verzichten möchten, feiern Sie vielleicht doch lieber im Gemeindehaus oder zu Hause. Allein mit selbst besorgten Getränken lässt sich viel Geld sparen.

Für jedes Fest die passende Musik

Eine Hochzeit ohne Tanz ist für viele gar keine richtige Hochzeit. Tanzen lockert die Stimmung und bringt die Gäste einander näher. Zum Tanz braucht man natürlich Musik, und da haben Sie verschiedene Möglichkeiten:

► Sie können eine Anlage samt CDs und Bändern sowie Discjockey mieten. Vielleicht gibt es auch jemanden im Bekanntenkreis, der diese Aufgabe gern übernimmt.
► Wenn Sie Livemusik möchten, mieten Sie sich eine kleine Band oder einen Alleinunterhalter. Das können professionelle Musiker sein, aber auch eine Schüler- und Studentenband.

Wenn Sie in einem Hotel oder Restaurant feiern, ist man Ihnen sicherlich bei der Vermittlung der Musiker gern behilflich. Sprechen Sie vor dem Fest mit den Musikern ab, was gespielt werden soll. Meist verfügen die Bands über ein Repertoire, das für ein gemischtes Publikum auf Hochzeiten gut geeignet ist.

Ein romantischer Wunschtraum: die Hochzeit im Grünen – und dann so ausgelassen feiern wie bei diesem »Hochzeitstanz im Freien« von Pieter Brueghel d. J. (1564–1638).

Auch von wann bis wann gespielt werden soll, müssen Sie vorab vereinbaren. Wünschen Sie schon während des Essens eine musikalische Untermalung oder soll nur zum Tanz aufgespielt werden? Teilen Sie den Musikern mit, wie viele Tanzpausen Sie möchten und ob Sie Wert auf Tanzspiele legen.

Einladungen und Heiratsanzeigen

Einladungen früher Ehemals wurde noch persönlich zur Hochzeit eingeladen. Entweder übernahm diese Aufgabe ein Hochzeitslader *(siehe »Hochzeitslader«, Seite 84f.)* oder die Brautleute zogen selbst von Haus zu Haus, um die Einladung auszusprechen. Für die Verwandten und Paten nahmen die Brautleute auf ihrem Rundgang kleine Geschenke mit. Als Gegengabe bekamen sie nützliche Dinge für den Haushalt.

In manchen Gegenden bekam die einladende Braut ein Glücksbrot geschenkt. Einige Scheiben davon sollte sie zur Förderung des Eheglücks in die erste selbst gekochte Suppe geben. Und in Schwaben verteilte die Braut Taschentücher.

Übrigens

In die Kirche darf jeder kommen, zur weltlichen Feier natürlich nur diejenigen, die ausdrücklich eingeladen sind. Wer also nur eine Heiratsanzeige ohne Einladung erhält, gratuliert schriftlich oder nach der Kirche. Das Geschenk wird in diesem Fall dem Brautpaar in die Wohnung geschickt oder bei den Eltern abgegeben.

Sie galten als Einladung, aber auch als Schenkverpflichtung.

In katholischen Gegenden streute sich das Brautpaar vor dem Einladungsrundgang etwas geweihtes Salz in die Schuhe, um die bösen Geister fernzuhalten. Auch einen anderen geweihten Gegenstand bei sich zu tragen erfüllte diesen Zweck.

Ihre Hochzeit geben bekannt ...
An Freunde, Bekannte und Verwandte werden heute in der Regel Karten geschickt. Zusätzlich kann die Heirat durch ein Zeitungsinserat allgemein publik gemacht werden. Folgende Formulierungen sind die gebräuchlichsten:

Wir trauen uns

Wir geben unsere Hochzeit bekannt

Wir heiraten

Wir wollen unseren Weg gemeinsam gehen

Wollen Sie erst nachträglich über die Hochzeit informieren, dann heißt es:

Wir haben geheiratet

Wenn die Eltern die Hochzeitskarten versenden oder ein Inserat aufgeben, kann der Text folgendermaßen lauten:

Wir freuen uns,
die Vermählung
unserer Tochter ...
mit ... bekannt zu geben.

Bei brieflicher Bekanntgabe können Sie den kompletten Text per Hand schreiben, vorgedruckte Hochzeitsanzeigen kaufen und die persönlichen Daten hinzufügen oder die Karten drucken lassen.

PC-Besitzer haben die Möglichkeit, ihre Anzeige selbst zu entwerfen und auszudrucken. Dabei können Sie Ihrer Kreativität freien Lauf lassen und zudem eine Menge Geld sparen. Es gibt mittlerweile auch viele Programme für das Entwerfen von Einladungskarten. Mit einem Scanner können Sie ein Foto von sich und Ihrem Partner/Ihrer Partnerin einbauen. In Schreibwarenhandlungen gibt es eine umfangreiche Auswahl an schönen Briefbögen oder Karten, auf die Sie Ihre Anzeigen drucken können.

Gedruckte Karten lohnen sich dann, wenn eine große Personenzahl unterrichtet werden soll. Es ist ratsam, sich von mehreren Druckereien Preise einzuholen, die Unterschiede sind groß. In den Druckereien gibt es Musterbücher, mit deren Hilfe Sie Schrift, Papier, Format und Text aussuchen können. In Hochzeitszeitschriften bieten Kartenhersteller oft auch die Zusendung von Musterkarten an, die beispielsweise so lauten:

Wir laden herzlich zu unserer Hochzeit am 8.5.1999 ein.
Die kirchliche Trauung findet um 14 Uhr in der Christuskirche statt.
Anschließend feiern wir im »Hotel Post«.
U.A.w.g. bis zum 1.4.1999

Aus der Praxis

Wer erhält welche Karte?

Bevor Sie Ihre Hochzeitskarten in Auftrag geben, müssen Sie natürlich entscheiden, wen Sie lediglich durch eine Anzeige über das bevorstehende Ereignis informieren wollen und wen Sie außerdem zu Ihrer Feier einladen. Dann haben Sie zwei Möglichkeiten:

- Sie lassen eine Kombination von Anzeige und Einladung drucken. Das lohnt sich aber nur bei einer großen Hochzeitsfeier.
- Sie lassen nur die Heiratsanzeige auf die Karte drucken und legen für Ihre Gäste ein Extrablatt mit der Einladung bei.

Unser Tipp

Lassen Sie mehr Karten drucken, als zur Zeit Gäste auf Ihrer Liste stehen. Erfahrungsgemäß sollen wesentlich mehr Personen über das Ereignis benachrichtigt als eingeladen werden.

Vergessen Sie nicht, Ihrer Einladung einen Lageplan beizufügen, um Ihren Gästen das mühelose Auffinden von Standesamt, Restaurant oder Hotel zu ermöglichen. Und Hinweise auf den Rahmen der Hochzeit erleichtern die Wahl der Garderobe.

Fotos für das Hochzeitsalbum

Für die Hochzeitsbilder sollten Sie einen Fotografen beauftragen. Nur so ist gewährleistet, dass Sie gelungene Aufnahmen vom »schönsten Tag im Leben« erhalten. Fast jeder hat den Wunsch, die Erinnerung an diesen Tag im Bild festzuhalten. Doch so manches Brautpaar war nach der Hochzeit bitter enttäuscht, weil die Fotos von dem Onkel, der doch sonst so schöne Bilder macht, misslungen waren.

Hochzeitsaufnahmen lassen sich nun mal nicht wiederholen. Deshalb beauftragen die meisten Paare sicherheitshalber ein professionelles Fotostudio damit, zumindest die »offiziellen« Fotos zu schießen. Die Aufnahmen finden bei entsprechendem Wetter nicht nur im Studio, sondern auch im Freien statt. Oft wird eine schöne Parkanlage oder ein Schloss als Umgebung gewählt. Beim Bemühen, Sie vor Ihrer Wunschkulisse ins rechte Licht zu setzen, sollten Sie mit dem Fotografen am besten unter sich sein. So werden Sie nicht durch Kommentare der Hochzeitsgäste abgelenkt.

Ob Sie einen Fotografen darüber hinaus auch mit Aufnahmen von der Trauung und der Hochzeitsfeier beauftragen, ist meist eine reine Geldfrage. Denn ganz billig sind professionelle Studios natürlich nicht. Aber hören Sie sich doch einmal um: Oft kursieren Namen von Fotografen, die sich auf Familienfeiern spezialisiert haben. In der Regel wird ein Honorar vereinbart, für das Sie der Fotograf oder die Fotografin den Tag über begleitet. Vielleicht bietet man Ihnen auch an, anschließend das Album professionell zu gestalten oder Ihnen beratend zur Seite zu stehen.

Wer auch immer die Rolle des offiziellen Fotografen übernimmt, ihm sollten Sie vorher sagen, welche Szenen Sie auf jeden Fall im Bild festgehalten haben möchten, beispielsweise den Ringwechsel, das Anschneiden der Hochzeitstorte, den Eröffnungstanz. Auch die Geschehnisse am Rande sollte im Auge behalten, das sind oft die gelungensten Schnappschüsse.

Unser Tipp

Lassen Sie sich von mehreren Fotostudios Preisangebote machen. Und erkundigen Sie sich nach Musterbüchern mit Aufnahmen von anderen Hochzeiten. Auf diese Weise können Sie sehen, ob Ihnen auch der Stil des Fotografen zusagt.

Ratschläge für Hobby-Fotografen

► Mit hochempfindlichen Filmen (ISO 400/27) können Sie auch bei schwachem Licht ohne Blitz fotografieren, allerdings nehmen Sie Einbußen bei der Schärfe in Kauf.
► Stellen Sie sich vor, Sie müssen eine Fotoreportage über den gesamten Hergang der Hochzeit liefern. Versuchen Sie mit Ihren Fotos einen zusammenhängenden Ablauf zeigen zu können, wodurch später der große Tag nachvollzogen werden kann.
► Fotografieren Sie möglichst auch die Hochzeitsvorbereitungen: das Zurechtmachen der Braut, der Kampf des Bräutigams mit dem Binder usw.
► Behalten Sie vor der Trauung unauffällig Braut oder Bräutigam im Objektiv. So manch gelungener Schnappschuss der aufgeregten Brautleute kann jetzt gelingen.
► Bitten Sie den Pfarrer um Genehmigung, während der Trauung fotografieren zu dürfen. Sie müssen sich auch erkundigen, ob die Benutzung eines Blitzlichts erlaubt ist.
► Während der Trauung sollten Sie nur mit einem Objektiv (Normal- oder leichtes Weitwinkelobjektiv) arbeiten. Sonst ist womöglich alles vorbei, bis Sie mit dem Objektivwechsel fertig sind. Suchen Sie sich schon vor der Trauung den besten Standort aus.
► Mit einem Teleobjektiv können Sie auch von der Empore aus fotografieren.
► Zu den Hochzeitsfotos gehört unbedingt eine Gruppenaufnahme. Bitten Sie die Hochzeitsgesellschaft, sich auf einer breiten Treppe oder auf ansteigendem Gelände aufzustellen. Nur so sind alle Gesichter zu sehen. Die einzelnen Personen stehen am besten leicht schräg zur Kamera.
► Erweitern Sie kleine Gruppen allmählich immer mehr bis zur Ansammlung der kompletten Hochzeitsgesellschaft. Beginnen Sie mit dem Brautpaar: Fotografieren Sie es zunächst allein, dann mit Eltern und Trauzeugen, anschließend kommen die übrigen Verwandten hinzu, bis zum Schluss alle beieinander sind.

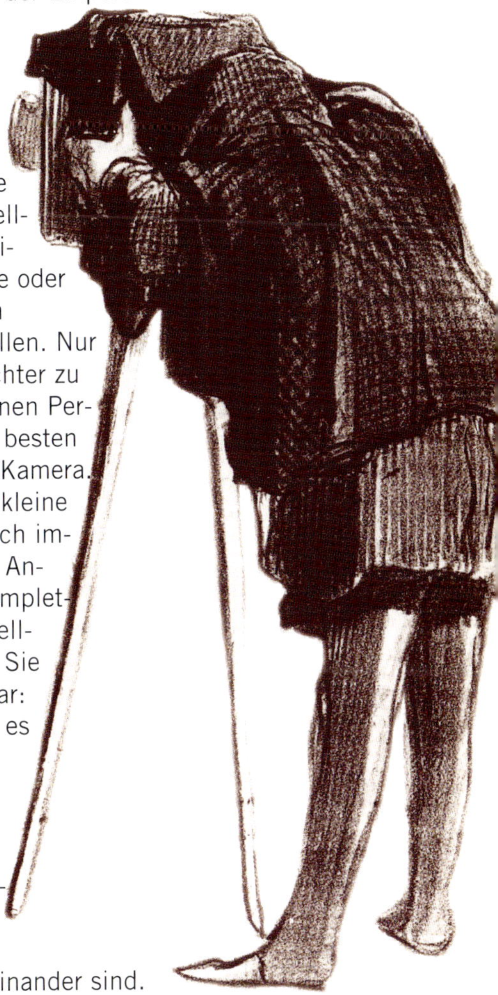

Alles, was Recht ist

Güter, Staat und Kirche

In der Brautzeit schwebt man auf »Wolke 7« und verliert schnell die Realität aus den Augen. Deshalb möchten wir hier an alle notwendigen Formalitäten erinnern.

Nichts liegt jetzt ferner, als an eine mögliche Scheidung und ihre Folgen zu denken. Doch eine Eheschließung ist – bei aller Liebe – in erster Linie eine Angelegenheit mit rechtlichen Konsequenzen.

Ein Ehevertrag – muss das sein?

Sie sollten einmal ganz nüchtern in Betracht ziehen, ob ein Ehevertrag nicht auch für Sie sinnvoll ist. Es ist kein Zeichen von mangelnder Liebe oder von Misstrauen, den Güterstand vertraglich zu regeln.

Ein Ehevertrag ist sinnvoll, wenn:

- einer der Partner hohe Schulden hat. Dann sollte der Schuldenstand in einem Vertrag festgehalten werden;
- einer oder beide Partner ein großes Vermögen mit in die Ehe bringen, von dem ein erheblicher Zuwachs zu erwarten ist;
- eine große Erbschaft erwartet wird;
- ein Partner dem anderen das Studium finanziert. Dann kann ein finanzieller Ausgleich festgelegt werden.

In einem Ehevertrag können die güterrechtlichen Verhältnisse geregelt werden. Es kann ein bestimmter Güterstand gewählt oder innerhalb eines Güterstandes vom Gesetz abweichende Regelungen getroffen werden.
Ein Ehevertag kann vor, aber auch während der Ehe geschlossen werden. Er muss bei gleichzeitiger Anwesenheit beider Ehegatten notariell beurkundet werden.
Die Höhe der Kosten für den Notar richten sich nach dem Vermögen der Ehepartner abzüglich der Schulden. So

kostet ein notarieller Vertrag bei 100 000 DM Vermögen 520 DM, bei einer halben Million Vermögen 1720 DM, bei 1 Million 3220 DM, jeweils zuzüglich der Mehrwertsteuer (Stand 1998).

Welcher Güterstand trifft auf Sie zu?

Zugewinngemeinschaft Haben Sie keinen Ehevertrag abgeschlossen, tritt automatisch der gesetzliche Güterstand der Zugewinngemeinschaft ein. In diesem Fall bleibt das in die Ehe mitgebrachte Vermögen Eigentum des jeweiligen Ehepartners. Bei einer Scheidung wird nur der Zugewinn geteilt. Zugewinn ist der Vermögenszuwachs, den jeder Ehegatte während der Ehe erzielt. Der Ehepartner mit dem geringeren Vermögenszuwachs wird an dem Zugewinn des anderen Ehepartners beteiligt.

Ein Beispiel: Der Ehemann bringt ein Grundstück mit in die Ehe, dessen Wert bei der Scheidung um 100 000 DM gestiegen ist. Die Ehefrau hat Wertpapiere, deren Wert um 20 000 DM stieg. Die Differenz, also 80 000 DM, wird zwischen den Ehegatten im Falle der Scheidung geteilt. Jeder bekommt 40 000 DM.

Das Vermögen, das ein Ehepartner während der Ehe geerbt oder geschenkt bekommen hat, wird seinem Anfangsvermögen zugerechnet, nicht dem Zugewinn. Es bleibt also auch im Falle einer Scheidung alleiniges Eigentum des betreffenden Ehepartners. Die Zinsen und andere Einkünfte daraus fallen jedoch in den Zugewinn.

Man kann beim Notar einen Ehevertrag mit eingeschränkter Zugewinngemeinschaft abschließen. Besitzt ein Partner ein Unternehmen, wird es in einem Ehevertrag oft vom Zugewinn ausgeklammert. Damit wird vermieden, dass die Firma bankrott macht, wenn der andere Ehepartner bei der Scheidung seinen Anteil ausgezahlt haben möchte. Allerdings werden gerade Frauen gewarnt, einen solchen Vertrag unüberlegt zu unterschreiben, vor allem, wenn sie in der Firma mitarbeiten. Oft erklärt der Mann zu Beginn der Ehe, diese vertraglichen

Übrigens

Wenn beide Partner unvermögend sind, kann auf einen Ehevertrag verzichtet werden. Die vermögensrechtlichen Beziehungen eines Ehepaares sind im ehelichen Güterrecht gesetzlich festgeschrieben (§§ 1363–1518 BGB).

Auch wenn der Himmel voller Geigen hängt schadet es nicht, über rechtliche Dinge Bescheid zu wissen.

Extra-Tipp

Lassen Sie gleichzeitig mit dem Ehevertrag einen Erbvertrag machen, so fallen dafür keine Extrakosten an. Auch wenn Sie keinen Ehevertrag abschließen, sollten Sie eventuell einen Erbvertrag bzw. ein Testament aufsetzen lassen, vor allem, wenn Sie eine Eigentumswohnung oder ein Haus besitzen. Sonst gilt im Todesfall eines der Ehepartner die gesetzliche Erbfolge. Das heißt, wenn das Ehepaar keine Kinder hat, sind die Eltern des Verstorbenen Miterben. Ansonsten erben auch die Kinder. Das erscheint zunächst unproblematisch, vor allem, solange die Kinder klein sind. Wenn Sie aber beispielsweise das Haus verkaufen wollen, sind gerichtliche Genehmigungen erforderlich.

Regelungen seien aus steuerlichen Gründen notwendig. Kommt es dann zur Scheidung, ist die Frau um ihren wohlverdienten Anteil gebracht.

Bringt einer oder beide Partner ein großes Vermögen mit in die Ehe, von dem beträchtlicher Zugewinn zu erwarten ist, kann man dieses Vermögen in einem Ehevertrag vom Zugewinnausgleich ausschließen.

Ein Ehevertrag ist auch dann ratsam, wenn einer der Ehegatten hohe Schulden mit in die Ehe bringt. Das Anfangsvermögen wird im Fall einer Scheidung nämlich mit null angesetzt und nicht als Minusbetrag. Der Zugewinn wird für die Tilgung der Schulden verwendet und geht dem schuldenfreien Ehepartner verloren.

Gütertrennung Dieser Güterstand kann vertraglich vereinbart werden. Jeder Ehepartner behält sein eigenes Vermögen und den Wertzuwachs. Es gibt keinen gemeinsamen Zugewinn. Jedoch sollten vor allem Frauen ohne eigenes Vermögen, die sich nach der Hochzeit ganz der Familie widmen und nicht mehr berufstätig sein werden, keine Gütertrennung vereinbaren. Sie hätten dadurch keinerlei Anteil an dem Vermögen, das der Ehegatte erwirbt. Besonders warnen möchte ich auch vor einem Ehevertrag, bei dem die Frau im Falle einer Scheidung nicht nur auf den Zugewinn, sondern auch auf einen Versorgungsausgleich und nachehelichen Unterhaltsanspruch verzichtet.

Gütergemeinschaft Auch dieser Güterstand muss vertraglich vereinbart werden. Bei der Gütergemeinschaft wird sowohl das in die Ehe eingebrachte als auch das in der Ehe erworbene Vermögen Gesamtgut der Eheleute. Bestimmte Vermögensgegenstände können als Alleineigentum einem Ehepartner vorbehalten sein (Vorbehaltsgut).

Und so war es früher … Viele halten den Ehevertrag für ein Produkt unserer nüchternen Zeit. Doch in der Vergangenheit wurde selten aus Liebe geheiratet, viel wichtiger waren Stand und Besitz des Partners – die Ehe war ein Geschäft. Nicht die Frau musste zum Mann passen, sondern der Acker zum Acker, das Vieh zum Vieh und das Geld zum Geld. Die sozialen Schranken, die durch Besitzverhältnisse bestimmt waren, durften nicht durchbrochen werden. Ein Heiratsvertrag regelte die wirtschaftlichen Verhältnisse genauestens. Es wurde festgehalten, welches Gut die beiden Partner mit in die Ehe brachten. Die Altersversorgung der Eltern, eventuelle Ausgleichszahlungen an Geschwister und die Morgengabe wurden festgelegt. Auch für den Todesfall eines der Ehegatten wurden Regelungen getroffen.

Nur bei stimmigen Besitzverhältnissen durfte früher geheiratet werden. Schwer beladen ist der Mitgiftwagen dieser Braut aus dem Lenggries um 1830, mit dem sie vor dem schmucken Anwesen ihres Zukünftigen eintrifft.

Formalitäten für die standesamtliche Trauung

Das traditionelle Aufgebot gibt es seit dem 1. Juli 1998 nicht mehr. Es wurde durch die **Anmeldung der Eheschließung** ersetzt. Sie erfolgt bei dem Standesbeamten, in dessen Amtsbezirk einer der beiden Brautleute seinen Haupt- oder Nebenwohnsitz hat. Beide Partner müssen persönlich bei dem Standesbeamten erscheinen und ihre Absicht kund tun, miteinander die Ehe zu schließen. Ist einer der Partner verhindert, an der Eheanmeldung persönlich teilzunehmen, muss er eine schriftliche Erklärung vorlegen, indem er sein Einverständnis mit der Anmeldung durch den Partner bestätigt.

Bei der Anmeldung prüft der Standesbeamte die Identität und die rechtliche Ehefähigkeit der Heiratswilligen. Ist alles in Ordnung, bekommen

Sie eine Bescheinigung, mit der Sie innerhalb eines halben Jahres in einem Standesamt Ihrer Wahl heiraten können. Die Kosten für die Anmeldung zur Eheschließung liegen zur Zeit bei 60 DM. Die Heiratsurkunde kostet 12 DM. Stammbücher gibt es in unterschiedlicher Ausführung, von der ihr Preis abhängt.

Das ist neu: Mit dem Aufgebot fällt der einwöchige öffentliche Aushang im Glaskasten vor dem Rathaus weg, der aus datenschutzrechtlichen Gründen nicht mehr vertretbar war. Ursprünglich diente dieser Aushang dazu, jedem die Gelegenheit zu geben, vor der Eheschließung Gründe für ein Eheverbot zu äußern, was in heutiger Zeit dem Anschein nach nie der Fall war. Stattdessen führte die öffentliche Bekanntgabe von Namen und Adressen dazu, dass sich die Brautleute vor Vertretern, Anrufen und Postsendungen verschiedenster Firmen und Versicherungen kaum retten konnten.

► Auch Trauzeugen sind jetzt nicht mehr obligatorisch, es bleibt den Eheschließenden überlassen, ob sie in Gegenwart von einem oder zwei Trauzeugen heiraten wollen.

► Die Wartezeit von 302 Tagen, die geschiedene Frauen bisher zwischen der Auflösung der alten Ehe und der neuen Eheschließung einhalten mussten, fällt ebenfalls weg. Mit dieser überholten Rege-

Unser Tipp

Sie sollten sich auf jeden Fall zuerst beim Standesamt Ihres Wohnortes erkundigen, was Sie speziell benötigen. Falls Ihr Familienbuch dort hinterliegt, brauchen Sie sich keinen Auszug aus dem Familienbuch zu besorgen. Ansonsten bekommen Sie es beim Einwohnermeldeamt Ihres Geburtsortes.

Über den Ehestand

Ein ganz besonderes Geschäft

»Liebe ist Liebe, aber Ehe ist Ehe. Die Ehe ist ein Geschäft, ein höchst wichtiges Geschäft. Nicht umsonst handelt ein Abschnitt in allen Landrechten von der Ehe und dem Eingebrachten und von der Gütergemeinschaft. Die Ehe soll dem Menschen einen Boden unter die Füße geben, nicht den Boden unter den Füßen wegziehen. Ein Geschäft muss ein Objekt haben, Liebe ist aber kein Objekt. Liebe gehört zur Ehe wie der fröhliche Trunk zum Abschluss eines guten Kaufes; aber über das Glas Wein schließt man den Handel nicht.«
Karl Immermann, 1838

lung sollte ausgeschlossen werden, dass die Frau bei ihrer erneuten Heirat noch aus erster Ehe schwanger ist.

► Die Anmeldung kann frühestens sechs Monate vor dem gewünschten Trautermin erfolgen. Rein theoretisch ist eine sofortige Trauung bei der Anmeldung möglich, jedoch wird dringend davon abgeraten, sich auf diese Möglichkeit zu verlassen. Es ist sehr unwahrscheinlich, dass Sie auf einen Beamten treffen, der sich sofort Zeit für Sie nimmt.

Diese Papiere sind zur Anmeldung der Eheschließung erforderlich:

► Personalausweis oder Reisepass,
► aktuelle Meldebescheinigung,
► Abstammungsurkunde, Familienbuchauszug,
► Nachweis über akademische Grade, falls Sie eine Eintragung in die Heiratsurkunde wünschen,
► falls einer der Partner geschieden ist, benötigen Sie außerdem die Heiratsurkunde und das rechtskräftige Scheidungsurteil,

► falls Sie einen Ausländer heiraten, erkundigen Sie sich unter Angabe der Nationalität bei dem zuständigen Standesamt nach den nötigen Papieren,
► ist einer der beiden Partner noch minderjährig, wird die Heiratseinwilligung des gesetzlichen Vormundes benötigt,
► verwitwete Personen müssen die Sterbeurkunde des verstorbenen Partners vorlegen,
► wenn die heiratswilligen Partner bereits ein gemeinsames Kind haben, müssen sie dessen Geburtsurkunde sowie eine Vaterschaftserklärung des Bräutigams vorlegen. Das Kind wird durch die Heirat automatisch ehelich.

Andere Länder, andere Rechte

Deutsche Frauen, die einen Ausländer in dessen Heimatland heiraten, sollten sich vor der Eheschließung eingehend informieren. In arabischen und asiatischen Staaten haben oft die Männer alleinige Rechte.

Das Traugespräch

Der Pfarrer führt vor der Trauung mit den Brautleuten ein Traugespräch. Hier wird der Ablauf der Trauzeremonie abgesprochen, der Trauspruch, Lesungen und Lieder ausgewählt, der Kirchenschmuck besprochen. Und natürlich möchte der Pfarrer die Brautleute persönlich kennen lernen und mit ihnen über den Sinn der Trauung und der Ehe sprechen.

Das Namensrecht

Bei der Wahl des Namens haben Sie heute freie Hand:

- Der Name des Mannes wird gemeinsamer Ehename.
- Der Name der Frau wird gemeinsamer Ehename.
- Jeder behält seinen eigenen Namen.
- Es wird der Name des einen Ehepartners als Familienname gewählt, den der andere Ehepartner mit seinem eigenen Namen zu einem Doppelnamen kombiniert. Beispiel: Frau Schwarz heiratet Herrn Weiß und wird zu Frau Schwarz-Weiß.

Die meisten Eheleute entscheiden sich übrigens ganz traditionell für den Nachnamen des Mannes als gemeinsamem Ehenamen. Haben beide Ehepartner ihren Namen behalten, so müssen sie sich bei der Geburt des ersten Kindes für einen der beiden Namen entscheiden. Alle nachfolgenden Kinder bekommen den selben Namen. Doppelnamen sind für Kinder nicht möglich.

Formalitäten für die kirchliche Trauung

Um kirchlich zu heiraten, muss mindestens einer der Brautleute Mitglied der Kirche sein. Ist einer der Partner evangelisch und der andere katho-

lisch, können Sie evangelisch, katholisch oder ökumenisch heiraten.

Sie benötigen folgende Papiere:

- Personalausweis oder Reisepass,
- Taufschein,
- Firmungszeugnis oder Konfirmationsschein,
- Anmeldung zur Eheschließung bzw. standesamtliche Heiratsurkunde,
- heiraten Sie in einer anderen Pfarrgemeinde, brauchen Sie eine Traulizenz (katholisch) bzw. eine Dimissoriale (evangelisch), also eine Genehmigung Ihres Gemeindepfarrers für den Traupfarrer.

Katholische Pfarrer sind verpflichtet, von den Verlobten die Anerkennung bestimmter Glaubensvorstellungen zu verlangen, dazu gehören die Unauflösbarkeit der Ehe und die Erziehung der Kinder im katholischen Glauben. Manchem Pfarrer ist das eher unangenehm, weiß er doch genau, dass niemand zum Glauben gezwungen werden kann.

Ist einer der Partner geschieden, und wurde die erste Ehe katholisch getraut, so wird eine Eheschließung in der katholischen Kirche schwierig. Die erste Ehe muss von einem kirchlichen Gremium annulliert werden. Wurde die erste Ehe nur auf dem Standesamt oder in der evangelischen Kirche geschlossen, ist das weniger problematisch *(siehe »Rent a Pfarrer«, S. 63f.)*.

Ein Brautexamen ablegen

In der katholischen Kirche wird das Traugespräch manchmal noch wie in früheren Zeiten Brautexamen genannt. Einst wurde das Brautpaar hier wirklich in Bibelfragen geprüft. Wer beispielsweise die zehn Gebote nicht konnte, musste zum Religionsunterricht. Aber nur keine Bange, mit einer Prüfung hat das Brautexamen heute nichts mehr zu tun.

Wünscht euch was!

Wege zum passenden Geschenk

Selten bekommt man so viel geschenkt wie zur Hochzeit. Damit es nicht zu Enttäuschungen kommt, sollten Sie Ihre Wünsche so genau wie möglich äußern.

Nicht nur die Hochzeitsgäste selbst bringen Geschenke mit, auch nicht eingeladene Bekannte, Verwandte und Nachbarn wollen dem Brautpaar eine Freude machen. Doch wie unangenehm ist es, wenn im Beisein der Gäste die dritte Kaffeemaschine ausgepackt wird. Peinlich für alle Beteiligten ist auch das gequälte Lächeln der Braut angesichts der Bodenvase, die so gar nicht ihrem Geschmack entspricht.

Geschenklisten

Abhilfe schaffen individuelle Listen. Sie führen genau auf, was Sie sich wünschen, und jeder streicht von der Liste, was er dem Brautpaar zu schenken beabsichtigt. Die Mutter oder Schwiegermutter übernimmt vielleicht die Aufgabe, die Liste im Verwandten- und Bekanntenkreis herumzureichen. Manchmal empfiehlt es sich, zwei unterschiedliche Listen anzulegen, eine für jede Verwandtschaft. Das ist vor allem dann sinnvoll, wenn die Familien nicht im gleichen Ort wohnen.

Serviceteile und Gläser werden einzeln aufgeführt. Denn vielleicht möchte jemand nur eine Tasse schenken. Besonders bei Porzellan und Gläsern ist es wichtig, den Hersteller- und den Designnamen, Farbe und Größe aufzuschreiben. So vermeiden Sie Missverständnisse. Auch bei den übrigen Dingen sollten Sie notieren, ob Sie Wert auf eine bestimmte Marke legen. Eine Preisangabe erleichtert dem Schenkenden die Auswahl.

Die meisten Brautpaare wünschen sich klassische Hausratsgegenstände wie Geschirr, Besteck und Bettwäsche. Für viele ist es die beste Möglichkeit, in den Besitz von hoch-

wertigem Porzellan oder Besteck zu kommen, das man sich sonst erst nach und nach leisten könnte.

Heute heiraten jedoch die wenigsten direkt vom Elternhaus weg. Viele haben bereits seit Jahren einen eigenen Haushalt und sind mit Haushaltsgegenständen entsprechend gut ausgerüstet. In diesem Fall sollten sie sich ruhig andere Dinge wünschen, beispielsweise Bücher, Computerspiele, CDs, Anrufbeantworter oder Faxgerät. Auch Werkzeug können Sie auf Ihre Wunschliste setzen. Gerade alleinstehende Herren, die keine Frau zum Geschenkeeinkauf schicken können, besorgen meist lieber einen Lötkolben als eine Kaffeekanne.

Um die Geschenkliste aufzustellen, machen Sie am besten gemeinsam einen Bummel durch die Stadt. So können Sie beide auswählen, was Ihnen gefällt. Bedenken Sie auch, dass viele verschiedene Preislagen vertreten sind. Die Nachbarin möchte vielleicht nur 15 DM ausgeben, die Schwester dagegen 100 DM, und bei der Erbtante darf es noch ein bisschen mehr sein.

Geschenklisten lassen sich auf verschiedene Art und Weise herstellen. Am einfachsten ist es, sie nach unserem Muster selbst zu gestalten oder vorgedruckte Listen aus den entsprechenden Fachgeschäften zu verwenden.

Betrachten Sie die Aufzählung auf S. 75 bis 77 als Ideen-Fundus, um festzustellen, was Sie in Ihre persönliche Liste aufnehmen möchten.

Tischlein, deck dich: Geschenktische

Auch ein Geschenktisch ist eine gute Möglichkeit, gezielt zu wünschen. Diesen Service bieten immer mehr Haushaltsfachgeschäfte und die entsprechenden Abteilungen großer Warenhäuser an. Auch Möbelgeschäfte haben häufig eine Boutique, in der man sich einen Geschenktisch aufbauen lassen kann. Hier ist das Sortiment nicht nur auf Haushaltsgerät beschränkt, auch Bettwäsche, Lampen, Korbwaren etc. können vom Brautpaar ausgesucht werden.

Extra-Tipp

Legen Sie ein Ringbuch an. Pro Blatt wird ein Wunsch vermerkt, und um die Beschreibung zu erleichtern, ein Foto aus einem Prospekt dazu geheftet. Die Gäste treffen ihre Wahl und nehmen die entsprechende Seite heraus. Ganz Perfekte schieben jeden Wunschzettel in eine Klarsichthülle. So bleibt das Ringbuch auch nach vielfachem Durchblättern sauber und ordentlich.

Die Hochzeitsgäste können vom Tisch weg einkaufen. Viele Geschäfte bieten auswärtigen Gästen den Service an, die Geschenke dem Brautpaar hübsch verpackt und mitsamt Karte zuzustellen. Da muss der Gast nur noch die Rechnung bezahlen.

Für den Geschenktisch gilt dasselbe wie für die Geschenklisten: Auch niedrige Preislagen sollten ausreichend vertreten sein.

Geldwünsche

Viele Brautpaare, die komplett eingerichtet sind, würden sich am liebsten nur Geld wünschen. Dürfen sie auch, denn Geldgeschenke sind heute durchaus vertretbar. Allerdings sollte man nicht ausschließlich darauf beharren. Die Bekannte der Eltern möchte vielleicht, weil es so üblich ist, eine Kleinigkeit schenken. Der hübsche Kerzenständer für 15 DM ist ein schönes, akzeptables Geschenk. Aber die gleiche Summe als Bares zu schenken, kann leicht peinlich und knickerig wirken. Kurz gesagt, manche Gäste fühlen sich bei Geld gedrängt, mehr zu schenken als sie eigentlich möchten oder können.

Man kann auch ein Sparschwein aufstellen, in das jeder Gast seinen Beitrag hineintut. Aber das hat auch so seine Tücken. Denn diejeni-

Zuschuss zur Hochzeitsreise

Auf ein Matchboxauto wird »Just married« geschrieben. Hinten an das Auto binden Sie mit einer dünnen Schnur zusammengerollte Geldscheine.

Ein Reiseführer passend zum Ziel der Hochzeitsreise, dekoriert mit Scheinen in der entsprechenden Währung.

Verpackungsideen für Geldgeschenke

- Für einen Geldblumenstrauß stecken Sie zwischen die Blumen allerlei einfache Rührlöffel und Quirle, an die Geld geklebt wurde. Je nachdem, wie viel Sie ausgeben möchten, nehmen Sie 5-Mark-Stücke oder zusammengerollte Scheine.
- In einem Behälter mit Kies werden Münzen als besonderer »Kies« verborgen.
- In die Löcher eines Mauersteines werden zusammengerollte Geldsteine gesteckt und der Stein mit einer großen Schleife dekoriert. So bekommt das Brautpaar einen äußerst praktischen »Grundstein« für das gemeinsame Leben.

gen, die mit stolzen Summen aufwarten, möchten in der Regel auch gebührenden Dank dafür ernten. Und bei diesem anonymen Schenken, weiß das Brautpaar nicht, wie viel von wem kommt.

Natürlich können Sie als Gast das Geld einfach in ein Kuvert stecken. Es gibt aber auch viele originelle Verpackungsmöglichkeiten für Bares. Da macht man auch mit kleinen Geldbeträgen etwas her.

Geschenkideen für die Gäste

Dieses Kapitel ist eigentlich nicht für das Brautpaar, sondern für die Hochzeitsgäste gedacht. Aber natürlich dürfen Sie, liebes Brautpaar, auch spicken, und wenn Ihnen eine Idee gut gefällt, setzen Sie den Wunsch schnell noch auf Ihre Geschenkliste. Oder Sie legen das Buch aufgeschlagen auf Ihren Couchtisch, wenn einer Ihrer Hochzeitsgäste Sie in den Wochen vor dem großen Tag besucht. Dann müssen Sie nur noch für ein paar Minuten das Zimmer verlassen. Sicher können die wenigsten widerstehen, einen Blick in das aufgeschlagene Buch zu werfen. Ihr liebster Wunsch sollte natürlich gut sichtbar markiert sein.

Die meisten Hochzeitsgäste halten sich an die Geschenklisten oder die Hochzeitstische. Es gibt aber auch immer wieder Gäste, die keine Biergläser oder Kaffeegedecke schenken möchten. Sie wollen etwas Originelleres, eine Überraschung oder vielleicht auch ein Geschenk, von dem das Hochzeitspaar nicht den

Unser Tipp

Sehr beliebt sind auch Geschenk-Gutscheine, beispielsweise über

- **einen Flug mit einem Heißluftballon;**
- **ein Diner in einem Gourmet-Restaurant;**
- **eine Jahreskarte für das örtliche Hallenbad, an zwei Badetücher geheftet;**
- **Konzertkarten nach Wahl, zusammen mit einem kleinen Deko-Musikinstrument in eine Zellophantüte gesteckt.**

Rosmarin symbolisiert Liebe und Treue. Ein dicker Rosmarinstrauch oder gar ein Bäumchen wäre also ein perfektes Geschenk.

Unser Tipp

Möchte eine größere Gruppe von Freunden gemeinsam etwas schenken, bietet sich ein Verwöhnwochenende in einem guten Hotel an. Sprechen Sie mit der Hotelleitung vorher besondere Extras ab, wie eine Flasche Sekt und einen Strauß roter Rosen zum Empfang, flauschige Bademäntel und ein Candle-light-Dinner.

genauen Preis kennt. Wie wär's da mit folgenden **Überraschungspaketen:**

► Das Überraschungspaket **für gemütliche Winterabende im Freundeskreis:** ein Gesellschaftsspiel (evtl. das neueste Spiel des Jahres), eine Duftlampe, eine Flasche Wein, Nüsse, eine CD.

► Das Überraschungspaket **für einen romantischen Abend zu zweit:** eine Flasche Sekt oder Champagner, zwei Champagnerkelche, eine Dose Hummer, Kerzen, eine CD (vielleicht Kuschelrock?), ein Buch mit Liebesgedichten.

► Das Überraschungspaket **für Gourmets:** einen Korb mit Delikatessen, die man sich nicht jeden Tag leistet, wie Hummer, Champagner, Parmaschinken, Trüffelöl, Kaviar, belgische Pralinen ... Lassen Sie sich in einem Feinkostgeschäft inspirieren. Natürlich sollte alles haltbar abgepackt sein.

► Das Überraschungspaket **für Reiseanfänger:** eine Reisetasche gefüllt mit Reiseföhn, einem Necessaire mit Kosmetikartikeln im praktischen Reiseformat, Reisebügeleisen, Lektüre, Reiseführer vom Ziel der Hochzeitsreise, Brustbeutel mit Geld in der entsprechenden Währung, Sonnencreme, Strandlaken. Bei diesem Geschenk sollten Sie sich allerdings vorher unauffällig erkundigen, ob das Paar nicht schon alles hat.

► Das Überraschungspaket **für Cineasten:** ein Filmlexikon, Gutscheine fürs Kino um die Ecke, Videokasetten mit Filmklassikern, einen persönlichen Oscar – originalgetreue Nachbildungen gibt's im Handel.

Patchwork – ein zusammengesetztes Geschenk

Dieser Brauch stammt aus Amerika und findet vereinzelt inzwischen auch bei uns Anklang. Es ist ein wunderschönes Geschenk, zu dem alle Hochzeitsgäste etwas beitragen.

Eine nahe Verwandte oder eine gute Freundin des Brautpaares übernimmt in der Regel die Organisation. Wenn Sie sich für diese Aufgabe entschieden haben, müssen Sie Folgendes tun: Sie kaufen Stoff, beispielsweise einen festen Baumwoll- oder Leinenstoff, in sechs bis zehn verschiedenen Farben. Den Stoff schneiden Sie in ca 10 × 10 Zentimeter große Quadrate. Nun müssen Sie sich unauffällig die Gästeliste besorgen. Meist können die Eltern des Brautpaares dabei behilflich sein.

Jeder Hochzeitsgast bzw. jede eingeladene Familie bekommt nun ein Quadrat zugeschickt und muss es individuell gestalten. Man kann es besticken, bedrucken, mit Stofffarben bemalen und und und ... Der Phantasie sind keine Grenzen gesetzt. Die fertig gestalteten Stoffquadrate schicken die Hochzeitsgäste an Sie zurück. Ihre Aufgabe ist es nun, die Stoffstücke zu einer großen Decke zusammenzunähen.
Dieses Geschenk erfordert natürlich einige Zeit und Mühe. Deshalb sollten Sie rechtzeitig damit beginnen, die Stoffstücke zu verteilen.

Wochenlang war das Brautpaar voller Enthusiasmus mit den Vorbereitungen beschäftigt. Da fällt es schwer, in die Normalität zurückzukehren. Wenn Sie den frisch Vermählten ein allzu rasches Eintauchen in den staubigen Alltag ersparen möchten, engagieren und bezahlen Sie doch als Geschenk eine Haushaltshilfe auf Zeit.

Der Polterabend

oder: Scherben bringen Glück

Mit viel Geschepper und Geklirr sollen die bösen Geister vom Brautpaar ferngehalten werden. Und jeder, der dem Paar Glück wünschen möchte, ist willkommen.

In Deutschland ist es Sitte, vor den Häusern der Verlobten Tassen und Teller entzwei zu werfen. Die Polterscherben müssen auf jeden Fall aus Steingut oder Porzellan sein. Glas ist seit alters her das Symbol für Glück, und das darf natürlich nicht zerbrochen werden, sonst gibt es Unglück in der zukünftigen Ehe.

Heute wird der Polterabend für das Brautpaar manchmal zu einer regelrechten Horrorshow. Die Poltergäste werfen dem Brautpaar säckeweise Styroporchips, Konfetti, Kronkorken und sogar ganze Sanitäreinrichtungen vor die Füße. Und wenn das Brautpaar gerade alles zusammengekehrt hat, kippt irgendein Scherzkeks die Scherben wieder aus. Da besteht die Gefahr, dass nicht nur das Porzellan, sondern womöglich auch eine Freundschaft in die Brüche geht.

In der Regel kehrt das Brautpaar die Scherben gemeinsam zusammen. In manchen Gegenden ist es üblich, dass der Bräutigam die Arbeit allein macht. Die Schaufel, mit der er die Scherben aufhebt, wird als Symbol des Eheruders gesehen, das der Mann sich gleich zu Beginn der Ehe schnappen soll.

Von Einladungen, die keine sind, bis zur Bewirtung

Zu einem Polterabend wird in der Regel nicht eingeladen und es gibt auch keinen offiziellen Beginn. Nachbarn und Freunde, die gern mitfeiern wollen, kommen und gehen über den ganzen Abend verteilt.

Der Brauch, ohne Einladung zum Poltern zu kommen,

stammt aus einer Zeit, als Polterabende grundsätzlich am Vorabend der Hochzeit stattgefunden haben. Da diese Terminbindung nicht mehr besteht, wird heute in der Regel schriftlich oder mündlich über den Polterabend informiert. So erfahren alle möglichen Gäste den Termin. Denn nichts ist trauriger als ein Polterabend, bei dem niemand zum Poltern kommt! Andererseits: Wenn Sie partout keinen Polterabend feiern wollen, sollten Sie das Ihren Freunden und Verwandten vorher unmissverständlich klar machen.

Eine Frage, die sich heute für viele stellt: **Wo wird gepoltert?** Eine Etagenwohnung ist dafür kaum geeignet. Am besten geht es natürlich vor dem eigenen Haus oder – realistischer – in dem Ihrer Eltern oder Schwiegereltern. Gern wird zu dieser Gelegenheit die Garage ausgeräumt und mit Biertischen bestückt. So sind alle gleich am Ort des Geschehens, wenn neue Poltergäste anrücken.

Sie können aber auch einen Raum im Gemeindehaus oder in einem Vereinsheim mieten. Diese Möglichkeit besteht auch, wenn Sie weder aktive Kirchgänger noch Vereinsmitglieder sind. Hauptsache, zum Schluss wird alles piccobello aufgeräumt. Ein gemieteter Raum hat zudem seine Vorteile. In der Regel sind genügend Tische, Stühle und Geschirr vorhanden.

Natürlich wollen die Gäste nicht nur poltern, sondern auch feiern. Meist geht es beim Polterabend recht rustikal zu. Aber die Vorbereitung ist nicht ganz einfach, da man nicht weiß, wie viele Gäste kommen. Deshalb bereiten Sie lieber etwas mehr vor. Geeignet ist ein Büffet mit einfachen, deftigen Speisen wie Fleischkäse, Kartoffel- und Nudelsalate, Frikadellen, Wurst- und Käseplatten und jede Menge Party-Brote und Brezeln. Dazu gibt es kühles Bier vom Fass und natürlich eine Auswahl alkoholfreier Getränke.

Auf festliche Kleidung wird beim Polterabend normalerweise kein Wert gelegt. Sie dürfen ruhig in Jeans und T-Shirt feiern. So fegt es sich auch besser als im Kleinen Schwarzen.

Unser Tipp

Um den Müllmassen Herr zu werden, empfiehlt es sich, einen Abfall-Container zu bestellen. Auch an Straßenbesen und Kehrbleche sollten Sie denken.

Am Polterabend wird traditionell Abschied genommen vom Single-Dasein, und alle, die mit dem Brautpaar den Übergang in einen neuen Lebensabschnitt feiern möchten, sind gern gesehene Gäste dieser unkomplizierten Party.

Viele Gäste überreichen dem Brautpaar schon am Polterabend ihr Geschenk. Dafür sollten Sie einen großen Tisch bereithalten. Vergessen Sie nicht, genau zu notieren, von wem welches Geschenk ist. Am besten engagieren Sie für diesen Job eine Freundin. Sie selbst haben vermutlich genug damit zu tun, Gäste zu begrüßen, zu fegen und anzustoßen.

Vielleicht bietet der Raum, in dem Sie feiern, auch noch Platz für eine Tanzfläche. Und bestimmt gibt es in Ihrem Freundeskreis jemanden, der Spaß daran hat, an diesem Abend Ihr persönlicher DJ zu sein. Oft gibt es auch am Polterabend schon ein kleines Unterhaltungsprogramm.

Besonders jene Freunde und Bekannten, die nur zum Polterabend kommen, nutzen diesen Termin für Vorführungen *(Anregungen im Kapitel: »It's Showtime – Jetzt sind die Gäste dran«, Seite 98 bis 107).*

Und so war es früher ... Der Polterabend wurde einst Hühnerabend genannt. Die Dorfbewohner schenkten dem Brautpaar nämlich Hühner zur Hochzeit, die sie bereits am Polterabend vorbeibrachten. Natürlich war dieser Abend auch mit Bräuchen verbunden. So pflanzten die Burschen des Dorfes oft zwei Tannen vor dem Hochzeitshaus, die die Mädchen mit bunten Bändern schmückten. Zwischen den Bäumen wurde ein Reimspruch aufgehängt. Heute ermöglichen zwei geschmückte Kübelpflanzen, etwa Buchsbaum, die Fortführung dieser Tradition.

Das Hochzeits-ABC

Anmeldung zur Trauung ist der erste Schritt ins Eheglück.

Brautkleider machen für einen Tag den Traum von der Märchenprinzessin wahr.

Christliche Hochzeiten haben im Mittelalter vor der Kirchentür stattgefunden.

Drum prüfe, wer sich ewig bindet! lautet die Devise vor der Hochzeit.

Einladungen wurden früher meist vom Hochzeitslader überbracht.

Flitterwochen geben dem Brautpaar Zeit, sich an die Ehe zu gewöhnen.

Geschenklisten sorgen dafür, dass man Geschenke bekommt, die einem gefallen.

Hühner sind alte Fruchtbarkeitsgeschenke zur Hochzeit.

Ich liebe dich – ist der schönste Satz für Brautleute.

Junggesellenabschiede sind traditionell feucht-fröhliche Gelage.

Kutschen stehen bei romantischen Hochzeiten hoch im Kurs.

Liebe und Treue ist für viele der wichtigste Wunsch an den Partner.

Myrten sind typische Hochzeitspflanzen, die Segen und Lebenskraft symbolisieren.

Namen können Eheleute heute frei wählen.

Organisation ist alles – auch bei der Hochzeit.

Polterscherben müssen aus Porzellan oder Steingut sein.

Queensland ist ein mögliches Ziel für Ihre Hochzeitsreise.

Ringe sind ein Symbol der Treue.

Schleier dienten früher als Schutz vor bösen Geistern.

Trau dich, ist das Motto aller Hochzeiten.

U.A.w.g. steht häufig auf den Einladungskarten und bedeutet: Um Antwort wird gebeten.

Verlobungen sind wieder stark im Kommen.

Willst du … zu deinem(r) Mann/Frau nehmen? lautet die entscheidende Frage.

Xanthippen sollte man möglichst nicht heiraten.

Yucca-Palmen, an denen Geldscheine »wachsen«, sind Hochzeitsgeschenke, die gefallen.

Zylinder ist die klassische Kopfbedeckung des Bräutigams.

Ihr großer Auftritt

Von Märchenroben und Cutaways

Braut, Bräutigam und Gäste sollten ihre Garderobe dem äußeren Stil der Hochzeitsfeier anpassen. Ein kleiner Leitfaden.

Wohl jede Braut möchte an ihrem Hochzeitstag so schön wie möglich aussehen, und bis heute ist die Hochzeit in Weiß der Traum vieler Frauen.

Die Brautkleidung

Zur standesamtlichen Trauung erscheint die Braut in Kostüm, Kleid oder Hosenanzug. Das weiße Brautkleid wird nur dann zur standesamtlichen Trauung getragen, wenn die kirchliche Trauung gleich anschließend stattfindet und keine Zeit zum Umkleiden bleibt.

Die meisten Bräute legen bei ihrer Hochzeit Wert auf Eleganz, auch wenn sie im täglichen Leben stets sehr leger angezogen sind. Um sich zu orientieren, was gerade Trend ist, sind aktuelle Braut-Modezeitschriften eine gute Hilfe. Dort finden Sie sicher Anregungen, die Ihrem Typ entsprechen, und Beispiele, wie Sie zwar festlich gekleidet, aber nicht verkleidet wirken. Vielleicht nehmen Sie zur Beratung beim Einkauf ja eine Freundin oder Ihre Mutter mit. Wenn Sie möchten, kann es natürlich auch der Bräutigam sein. Die alte Regel, dass er die Braut erst am Hochzeitstag sehen darf, wird heute nicht mehr so eng gesehen. Viele Frauen möchten allerdings ihren Bräutigam am Hochzeitstag mit ihrem umwerfenden Aussehen überraschen.

Die Accessoires werden natürlich erst gekauft, wenn Sie sich für ein Outfit entschieden haben. Besonders wichtig ist der Kopfschmuck. Einen Schleier wählen Sie möglichst zusammen mit dem Brautkleid aus. Dabei muss nicht nur der Stil des Kleides – romantisch-verspielt oder schlicht-elegant – berücksichtigt werden, sondern auch Ihr Haarschnitt bzw. Ihre Frisur. A propos: Falls Sie Ihr Haar aufstecken oder auf besondere Weise frisieren wollen, besprechen Sie Ihre Wünsche rechtzeitig mit Ihrem Friseur. Er sagt Ihnen auch, was machbar ist und kann die Kreation schon einmal vorab stressfrei ausprobieren.

Außer einem Schleier gibt es noch viele Möglichkeiten, Kopf und Haar zu schmücken – auch wenn Sie einen Anzug tragen. Attraktiv sind einzelne Blüten, eine aparte Schleife oder sogar Federn. Und zu einem Kostüm passt zum Beispiel ein Satinhütchen sehr gut.

Ihre Schuhe laufen Sie am besten bereits vor der Hochzeit ein. Schmerzende Füße oder gar Blasen können der Braut das schönste Fest vermiesen. Denken Sie auch daran, ein Paar Ersatzstrümpfe dabei zu haben.

Und so war es früher ...
In bürgerlichen und bäuerlichen Kreisen bestimmte der Zeitgeschmack Form und Farbe der Hochzeitskleidung. Meist war die Garderobe der Brautleute schwarz, denn sie wurde nicht nur zur Hochzeit, sondern auch zu allen übrigen Festtagen getragen.

Überlieferte Symbole

Jungfernkranz und Schleier
Aus Tradition hat die Braut einen Kopfschmuck. In früheren Zeiten trug sie einen Jungfernkranz, eine Schappel (vom frz.: chapeau) oder eine Brautkrone. Kranz und Schappel waren Kennzeichen der unverheirateten Frau und wurden auch an anderen Festtagen getragen. Doch gegen Ende des 19. Jahrhunderts wurden sie unter städtischem Einfluss durch einfache Myrtenkränze ersetzt.
Im 19. Jahrhundert gewann der Brautschleier immer größere Beliebtheit. Als Symbol für Keuschheit entspricht er den kirchlichen Moralvorstellungen. Ursprünglich sollte der Schleier die Braut vor Dämonen schützen, deren Zugriff sie am Hochzeitstag verstärkt ausgesetzt war. Besonders durch Nasenlöcher, Mund oder Ohren versuchten die kleinen Unheilbringer einzudringen. Doch Symbolik und Aberglaube sind völlig in den Hintergrund getreten, und inzwischen sind Kranz oder Schleier reiner Schmuck und als solcher fester Bestandteil der Brautkleidung.

»Something old, something new, something borrowed, something blue«

Aus dem Britischen stammt der Brauch, dass Bräute die Kirche nicht ohne etwas Altes, etwas Neues, etwas Geborgtes und etwas Blaues betreten dürfen. Das Alte steht für die Zeit als ledige Frau, das Neue für das kommende Leben, das Geborgte symbolisiert Freundschaft und das Blaue Treue.

Wohlhabendes bürgerliches Brautpaar im 17. Jahrhundert

Im Laufe des 18. Jahrhunderts kam das weiße Brautkleid an den Adelshöfen auf. Es diente dem Bürgertum als Vorbild und kam im 19. Jahrhundert auch dort in Mode. Auf dem Land wurde das weiße Brautkleid erst viel später getragen, und heute noch wird in manchen Regionen die Festtracht bevorzugt.
Da Weiß als Farbe der Unschuld gilt, entsprach das weiße Hochzeitskleid den Moralvorstellungen der Kirche. Das schwarze Brautkleid bekam im Laufe der Zeit einen negativen Beigeschmack. Es wurde als Kleidung für »gefallene« Bräute angesehen.

Unser Tipp

Falls Sie mit einem der reizenden Brauttäschchen liebäugeln, sollten Sie bedenken, dass Sie schon den Brautstrauß in Händen halten. Vielleicht ist ja in der Tasche Ihrer Freundin oder Trauzeugin noch Platz für Ihren Lippenstift und die Puderdose.

Was trägt der Bräutigam?

Auch als Bräutigam müssen Sie sich heute nicht mehr an konservative Regeln halten, sondern können tragen, was Ihnen gefällt. Hauptsache, es passt zum Kleid Ihrer Braut. Zu einem 3000-DM-teuren Brautkleid sollten Sie nicht in einem 300-DM-Anzug erscheinen. Da wirkt der Frack besser. Auf der anderen Seite passt zu einem schlichten kurzen Brautkleid kein Cut.
Doch vielleicht ist es Ihr Wunsch, sich streng nach der Etikette zu kleiden. Dann tragen Sie zur kirchlichen Trauung am Vormittag einen Cut oder einen Stresemann, zur Feier am Nachmittag jedoch einen Frack oder einen Smoking.

Cut oder Cutaway Er ist der offizielle Gesellschaftsanzug für den Tag. Der lange Rock ist schwarz oder schwarz grundiert. Auffallend sind die abgerundeten Schöße. Die Hose ist gestreift und ohne Umschlag. Eine schwarze oder graue Weste, ein weißes Hemd mit gestärkten Manschetten und ein grauer oder schwarz-weiß gesprenkelter Seidenbinder ergänzen das Outfit. Dazu gehören schwarze Schuhe.

Stresemann Er ist der so genannte kleine Gesellschaftsanzug für den Tag. Zu einer schwarzen Hose mit grauen Streifen trägt der Herr von Welt ein ein- oder zweireihiges schwarzes Jackett. Das einreihige Jackett wird durch eine Weste ergänzt. Die graue oder schwarze Seidenkrawatte und ein weißes Hemd vervollständigen den Anzug.

Smoking Er gilt als Abendanzug schlechthin und passt zu allen feierlichen Gelegenheiten. Die Hose hat keinen Umschlag. Auf die äußeren Hosennähte sind Galons aus Seide genäht. Das Jackett ist ein- oder zweireihig und hat seidenüberzogene Revers. Zum einreihigen Jackett trägt man traditionell eine schwarze Weste, zum zweireihigen ein so genanntes Kummerband, einen breiten, gefältelten Stoffgürtel. Zum Hemd, das heute nicht unbedingt weiß sein muss, gehört ein Querbinder in Schwarz, Grau oder Weinrot. Das Smokingjackett kann im Sommer auch weiß sein. Und bei Trachtenhochzeiten ist ein Trachtensmoking ein Muss.

Ein Zeichen von Sparsamkeit

Früher mussten die Brautschuhe mit den Pfennigen bezahlt werden, die das junge Mädchen über die Jahre eifrig gespart hatte. Damit sollte die Braut ihre Sparsamkeit demonstrieren. Befürchtete der Bräutigam einen unguten Zauber, streute er heimlich etwas Salz in die Schuhe seiner Braut.

Eine Windböe treibt ihr Spiel mit einem sensationellen, zig Meter langen Schleier, wie er bis in die 50er Jahre Mode war.

Unser Tipp

Wenn das Brautpaar auf eine bestimmte Kleidung Wert legt, sollte das auf der Einladungskarte vermerkt werden, etwa »Abendkleidung erwünscht«.

Wird im großen Stil geheiratet, kleidet sich der Bräutigam vornehm. Hält er sich streng an die Regeln, gilt: Der Cut darf nur zur Feier am Morgen getragen werden, ebenso der Stresemann, eine etwas legerere Variante. Im Smoking erscheint man erst ab dem späten Nachmittag, und für den Frack ist der Abend vorbehalten. Ausnahmen sind nur für die Dauer der Trauzeremonie möglich.

Frack Er ist für den Bräutigam die unbequemste Möglichkeit, sich feierlich zu kleiden. Der Frack hat je nach Modetrend kurze oder lange Schöße, die wie Schwalbenschwänze aussehen. Die Jacke wird offen getragen. Darunter trägt der Herr eine weiße Weste mit Perlmuttknöpfen, die natürlich geschlossen bleiben. Das Frackhemd ist steif gestärkt. Dazu gehört die weiße Fliege oder Schleife. Schwarze elegante Strümpfe und Schuhe sind selbstverständlich. Ein schwarzer Zylinder kann, muss aber nicht sein – obwohl er natürlich für ein ganz besonderes Flair sorgen würde.

Anzug Natürlich kann der Bräutigam auch einen Anzug tragen. Zu einem weißen Brautkleid gehört ein Anzug in gedeckten Farben mit ein- oder zweireihigem Jackett. Zum einreihigen Jackett gehört eine Weste. Dazu trägt der Herr ein helles Hemd und natürlich eine Krawatte oder Fliege.

Trägt die Braut keine traditionelle Robe, kann der Bräutigam selbstverständlich auch einen hellen Anzug wählen. Sogar eine Blazerkombination ist erlaubt, obwohl es weniger fein wirkt.

Während es oft nicht in Frage gestellt wird, für ein Brautkleid 1000 bis 2000 DM oder mehr auszugeben, ist das beim Herrenoutfit längst nicht so selbstverständlich. Viele Männer, die normalerweise überwiegend Jeans, bestenfalls mal eine Blazerkombination anziehen, scheuen davor zurück, für einen Tag so viel Geld auszugeben. Der Herrenausstatter wird sich vielleicht den Mund fusselig reden, um Ihnen, lieber Bräutigam, all die festlichen Anlässe aufzuzählen, bei denen Sie einen Smoking tragen können. Aber es gibt halt auch viele Männer, die nie auf einen Ball gehen und mit an Sicherheit grenzender Wahrscheinlichkeit nie wieder einen Smoking brauchen werden.

Vergessen Sie nicht, rechtzeitig an das Zubehör zu denken. Ein passendes Hemd, Krawatte oder Binder, Seidensocken, elegante Schuhe und ein Einstecktuch gehören zur Festtagskleidung des Bräutigams.

Wenn Sie nicht viel Geld ausgeben, sich aber trotzdem für

Ihre Hochzeit richtig feierlich kleiden möchten, stellt Ihnen ein Kostümverleih das Outfit für diesen Tag zur Verfügung. Der Anzug wird perfekt angepasst, so als wäre er für Sie gemacht. Auch ein Hochzeitsservice ist Ihnen bei der Beschaffung eines Anzuges für einen Tag behilflich.

Die Kleidung der Hochzeitsgäste

Es gibt ein paar Kleiderregeln, die die Hochzeitsgäste unbedingt beachten sollten. Oberstes Gebot: Die Braut bestimmt die Kleiderordnung, und die Hochzeitsgäste sollten nicht eleganter gekleidet sein als das Brautpaar! Andererseits wirkt es auch peinlich, wenn das Brautpaar hochelegant gekleidet ist, und die Gäste in Jeans und Sweatshirt erscheinen. Also erkundigen Sie sich lieber vorher, was getragen wird.

Bei einer weißen Hochzeit ist die Farbe Weiß allein der Braut vorbehalten. Und nur wenn die Braut ein langes Kleid trägt, dürfen die eingeladenen Damen ebenfalls in langen Kleidern kommen. Findet die Trauung am Vormittag statt, erscheinen sie im Kostüm oder Nachmittagskleid.

Für die Herren gelten dieselben Kleiderregeln wie für den Bräutigam, wobei sie sich selbstverständlich an der Kleidung des Bräutigams orientieren. Trägt der Bräutigam einen Straßenanzug, sollten die übrigen Herren nicht im Frack erscheinen. Andererseits brauchen sich nicht alle Männer einen Smoking anzuschaffen, nur weil der Bräutigam sich an seinem Hochzeitstag besonders feierlich kleiden möchte – es sei denn, Sie verkehren in Kreisen, wo viel Wert auf Etikette gelegt wird.

An ihrem Stil orientierte sich eine ganze Generation: Jacqueline Kennedy wurde zum Inbegriff von Klasse und jugendlicher Eleganz.

Blütenmeer . . .

... und Staatskarosse

Eine Hochzeit bietet zahlreiche Gelegenheiten zu verschwenderischer Fülle: vom üppigen Brautstrauß bis zum märchenhaft dekorierten Traumgefährt.

Den Brautstrauß als Blumenschmuck für die Braut gibt es vermutlich erst seit Mitte des 19. Jahrhunderts, und dieser Brauch hat sich im 20. Jahrhundert immer mehr ausgebreitet. Heute gilt der Brautstrauß als unentbehrliches Requisit sowohl bei der standesamtlichen als auch bei der kirchlichen Trauung.

Das Brautbouquet

Traditionell wird vom Bräutigam erwartet, dass er den Strauß besorgt. Falls auch bei Ihnen diese alte Regel gilt, müssen Sie, lieber Bräutigam, darauf achten, dass der Strauß auch dem Stil des Brautkleides, der Haarfarbe und dem Geschmack Ihrer Braut entspricht. Als Faustregel gilt: je heller das Haar der Braut, desto zarter die Farben der Blumen. Und je zierlicher die Braut, desto kleiner und zarter der Brautstrauß. Und natürlich sollten Sie auch Blumen auswählen, die Ihrer Zukünftigen gefallen. Falls Sie ihren Blumengeschmack noch nicht kennen, besorgen Sie den Strauß – wie heute üblich – lieber gemeinsam.

Bei der Blumenauswahl sollten Sie sich vom Floristen beraten lassen. Er kann Ihnen raten, was zum Stil Ihres Kleides passt, und weiß vor allem, welche Blüten auch eine längere Durststrecke unbeschadet überstehen. Natürlich fertigt ein erfahrener Florist auch einen zum Bouquet passenden Blüten-Haarschmuck an, wie Kränze oder dekorierte Spangen und Kämme.

Blumenschmuck

Für Bräutigam und Gäste Auch der Bräutigam kann einen kleinen Blumenschmuck in Form eines Ansteckers am Revers tragen. Am besten lassen Sie ihn beim Floristen mit anfertigen. Die schönste Wirkung wird erzielt, wenn die Blüten des Brautstraußes beim Bräutigamschmuck aufgegriffen werden. Das Sträußchen wird mit einem Gala-Clip, einem Halter mit Anstecknadel, am Revers des Anzugs befestigt.

Auch die Hochzeitsgäste können einen kleinen Blumenschmuck zum Anstecken bekommen. Allerdings sollte er sich von dem Anstecker des Bräutigams unterscheiden.

Für die Kirche Wer sich um den Blumenschmuck für die Kirche kümmert, müssen Sie mit dem Pfarrbüro absprechen. Meist wird das Schmücken vom Messner erledigt. Falls nicht gerade mehrere Hochzeiten an einem Tag aufeinander folgen, bei denen alle Brautleute ihre ganz eigenen Vorstellungen vom Blumenschmuck haben, überlässt man Ihnen sicherlich gern die

Nach altem Brauch

Rosmarin und Myrte

Beide Pflanzen stammen aus dem Mittelmeerraum, und seit dem 17. Jahrhundert spielt Myrte bei Hochzeiten eine wichtige Rolle. Sie war der Liebesgöttin Aphrodite heilig. Myrte symbolisiert Fruchtbarkeit: Myrtenkranz und -zweige sollen dem Brautpaar einen reichen Kindersegen bescheren. Deshalb trug auch der Bräutigam ein Myrtensträußchen im Knopfloch.

Im Volksmund heißt Rosmarin »Ewigkeitskraut«. Brautpaare überreichen sich Rosmarinzweige, denn wer sich Rosmarin schenkt, bleibt für immer zusammen. Früher hielt das Brautpaar Rosmarinzweige in den Händen, die das Unheil abhalten sollten. Auch den Hochzeitsgästen wurde ein Sträußchen Rosmarin angesteckt, ein Brauch, der bei manchen ländlichen Hochzeiten auch heute noch gepflegt wird. Eine Rosmarinpflanze wird von den Brautleuten nach der Hochzeit eingepflanzt. Die Ehe wird glücklich, wenn der Rosmarin Wurzeln schlägt.

Haben Sie einen grünen Daumen?

Wenn ein Mädchen oder eine Frau eine Myrte durch ihre Pflege zum Blühen bringt, wird sie sich bald verloben. Geht die Pflanze ein, wird die Pflegerin der Myrte entweder ledig bleiben oder in ihrer Ehe sehr unglücklich werden. Also lieber nichts riskieren und die Hände von eigenen Myrtenpflanzen lassen.

Schräppeln

Ein paar Tage vor dem Fest treffen sich die Freundinnen der Braut, um Girlanden, Blumen- und Tannenkränze zu binden. Sie werden mit roten Taschentüchern dekoriert, die die Dämonen abwehren sollen. In manchen Gegenden muss die beste Freundin der Braut, die Patentante und vor allem der Bräutigam dabei sein, andernorts darf er das ganz und gar nicht.

Ausschmückung der Kirche. Auf jeden Fall wird der Altar geschmückt und möglichst auch die Treppe zum Altar. Mit kleinen Gebinden oder Kränzchen aus Grün können auch die Stirnseiten der Kirchenbänke geschmückt werden.

Schön ist es, wenn die Blumen aus dem Brautstrauß im Kirchenschmuck wieder aufgegriffen werden. Auch hier sollten die Farben zusammenpassen: Also bitte zu einem pinkfarbenen Bouquet keine orangefarbigen Blüten im übrigen Blumenschmuck.

Für die festlich dekorierte Tafel
Ob Sie nun im Restaurant, im Vereinsheim, im Zelt oder zu Hause feiern: Blumenschmuck gehört auf jede Hochzeitstafel. Wieder gilt, dass die Farbe des Brautstraußes als roter Faden für die gesamte Blumendekoration der Hochzeitsfeier angesehen werden sollte. Aber auch der Stil muss zur Umgebung, zum Porzellan und natürlich zum Brautpaar passen.

Als Tischdekoration eignen sich am besten Gestecke, da sie schon am Vortag gearbeitet werden können und lange frisch bleiben. Natürlich sollte ein Gesteck nicht so hoch sein, dass es den Blick auf den gegenübersitzenden Gast versperrt. Eine im wahrsten Sinne des Wortes runde Sache sind Tischkränze. Sie passen besonders gut zu ländlichen Hochzeiten. Sie können auch weite Schalen mit Wasser füllen und Blüten und Schwimmkerzen hineinlegen.

Der Platz des Brautpaares kann mit einer schmalen Girlande umkränzt werden. Den Brautstrauß stellt die Braut in einer passenden Vase vor sich auf den Tisch. Den Blumenschmuck können Sie an die zuletzt gehenden Gäste verschenken, die sich bestimmt darüber freuen.

Die Symbolsprache der Blumen

In früheren Zeiten war die Blumensprache ein durchaus gängiges Ausdrucksmittel. Voraussetzung ist natürlich, dass sich beide Partner in dieser Sprache auskennen.

Akazienblüte: Vertraue mir.

Aster: Bleibst du mir ewig treu?

Buchsbaum: Du bist zu eigensinnig.

Distel: Deine spitzen Reden durchschneiden mir das Herz.

Flieder: Schlägt dein Herz wirklich für mich?

Goldblume: Eilen wir zum Altar, solange wir jung sind.

Jasmin: Du bist bezaubernd.

Nelke: Ich sehne mich nach dir.

Ringelblume: Kommt Zeit, kommt Rat.

Rosen: Ich liebe dich!

Schlüsselblume: Wo hängt der Schlüssel zu deinem Herzen?

Veilchen: Süß ist die geheime Liebe.

Vergissmeinnicht: Der Name sagt dir alles.

Hochzeitszug, Auto oder Kutsche

Blick dich nicht um!

Dem Aberglauben nach dürfen sich weder Braut noch Bräutigam umblicken, sonst hält der Betreffende in der Ehe nach einem anderen Partner Ausschau.

Ob Sie einen traditionellen Hochzeitszug, eine romantische Pferdekutsche, einen prächtigen Oldtimer oder einen flotten Porsche wählen, hängt ganz von den Entfernungen zwischen Brauthaus, Kirche und Restaurant ab.

Einen **Hochzeitszug** können Brautpaar und Gäste bilden, wenn alles relativ nah beieinander liegt. Denn ein Fünf-Kilometer-Fußmarsch ist am Hochzeitstag nicht gefragt.

Früher gab es in fast jedem Dorf feste Regeln, nach denen der Hochzeitszug gebildet wurde. Falls Sie nicht aus einem Dorf mit festgelegter Zugordnung stammen, können Sie Ihren Hochzeitszug folgendermaßen aufbauen: Zuerst blumenstreuende Kinder, dann Brautpaar, eventuell mit Brautführer und Brautjungfern. Eltern, Geschwister, Paten, übrige Verwandte und Freunde folgen. Zaungäste, die nicht zur Feier eingeladen sind, schließen sich dem Hochzeitszug nicht an, sondern gehen direkt zur Kirche.

Entscheiden Sie sich für ein Fahrzeug, können Sie natürlich Ihr eigenes **Auto** oder das eines Familienmitgliedes als Hochzeitsfahrzeug schmücken. Jedoch wollen es viele Braut-

Den Dämonen keine Chance

- Einst waren die Brautjungfern genauso gekleidet wie die Braut und umringten sie im Hochzeitszug. Damit sollten die bösen Geister verwirrt werden, die es am Hochzeitstag besonders auf die Braut abgesehen hatten. Mit dieser listigen Täuschung konnten teuflische Wesen die Braut jedoch nicht erkennen und ihr folglich auch nicht schaden.

- Auch das Schießen mit Vorladerpistolen am Rande des Hochzeitszuges diente der Dämonenabwehr und war darüber hinaus eine riesige Gaudi für die Burschen, die diesen Brauch ausübten. Eine ausgiebig »angeschossene« Hochzeit galt als gutes Omen, auch für einen reichen Kindersegen.

leute an ihrem Hochzeitstag ein bisschen prächtiger und außergewöhnlicher. In diesem Fall bieten Ihnen eine ganze Reihe Spezialvermieter ihre Dienste und ihr Fahrzeug an. Besonders beliebt sind zur Zeit Oldtimer, Rolls-Royces und Stretch-Limousinen.

Angebote finden Sie im Branchenbuch, über einen speziellen Hochzeitsservice oder auf einer der mittlerweile zahlreichen Hochzeitsmessen.

Häufig bieten auch Privatleute in Kleinanzeigen Autos für Hochzeiten an. Mit diesem Nebenverdienst möchten sie ihr Traumauto finanzieren und meistens sind sie wesentlich preiswerter als professionelle Anbieter. Doch damit es keine unliebsame Überraschung gibt, sollten Sie sich das Auto vorher unbedingt ansehen und eine Probefahrt vereinbaren. Sonst müssen Sie womöglich am Hochzeitstag feststellen, dass es sich bei der angepriesenen Nobelkarosse um eine Schrottlaube handelt, die nicht anspringt. Dass man Ihnen ein frisch gewaschenes Auto übergibt, sollte eigentlich selbstverständlich sein. Trotzdem sollten Sie bei privaten Anbietern auch diesen Punkt besser vorher abklären. Nur so sind Sie vor Pannen sicher. Grundsätzlich gilt für gemietete Autos und Kutschen: Bestellen Sie das Fahrzeug lieber eine Stunde früher als nötig. So ersparen Sie sich unnötige Hektik.

Wählt das Brautpaar ein Auto als Hochzeitsgefährt, wird es an diesem Tag selbstverständlich chauffiert: Braut und

Ein alter Brauch

Not macht erfinderisch

In den saarländischen Bergbaugebieten war es üblich, dass der Bräutigam seine frisch angetraute Frau mit einem geschmückten Hand-Leiterwägelchen von der Kirche zum Gasthaus zieht. Die Bergmänner waren früher zu arm, um sich eine Kutsche zu leisten, wollten ihrer Braut aber dennoch etwas bieten und sie nicht zu Fuß gehen lassen.

Geht's ums Heiraten, werden viele Paare nostalgisch. Beobachtungen auf Hochzeitsmessen bestätigen diesen Trend. Absolut in – selbst für die Fahrt zum Standesamt – sind alte amerikanische Limousinen und prunkvolle, auf Hochglanz gebrachte Oldtimer.

Daran glaubte man früher

Entscheidend für das Schicksal des jungen Paares waren Personen, Tiere oder Fahrzeuge, die dem Brautpaar auf dem Weg zur Kirche zuerst begegneten. Demnach brachten eine alte Frau, ein Hase, eine Katze, eine Beerdigungsgesellschaft oder ein Fuhrwerk Unglück. Als glücksbringend hingegen galten ein junger Mann, ein Schaf oder ein Schwein. Getrost kann man diese Dinge heute außer Acht lassen, schon deshalb, weil einem nur noch selten Schweine oder Schafe über den Weg laufen.

Bräutigam sitzen gemeinsam im Fond.

Das Auto wird meist mit üppigen Blumenarrangements und Bändern geschmückt. Dafür gibt es TÜV-geprüfte, spezielle Halterungen, mit denen der Blumenschmuck auf der Motorhaube befestigt wird. Besonders hübsch sieht es aus, wenn die Farbe des Autos in den Blüten aufgegriffen wird. Auf keinen Fall sollten sich Lack- und Blumenfarbe beißen.

Natürlich müssen Sie bei den Arrangements darauf achten, dass die Sicht des Fahrers nicht eingeschränkt wird. Außerdem dürfen Sie mit dem Blumenschmuck nicht schneller als 50 km/h fahren. Sonst besteht die Gefahr, dass der Fahrtwind das Gesteck löst. Natürlich dürfen auch das »Just married« und die angebundenen Blechdosen nicht fehlen.

Denken Sie rechtzeitig daran, sich vor der Kirche einen Parkplatz reservieren zu lassen. Von der Kirche zum Restaurant wird häufig ein Autokonvoi gebildet. Laut hupend folgen die Hochzeitsgäste dem Brautpaar. Mit dem Krach werden die letzten

Das sollten Sie berücksichtigen: Solch eine Nobelkarosse errregt immer Aufsehen und lässt auf eine Hochzeit in großem Stil schließen.

bösen Mächte vertrieben. Vielleicht sind ja doch noch einige vom Polterabend übrig geblieben. Die Antennen der Autos werden mit weißen Bändern geschmückt. Da nicht alle Gäste daran denken, besorgen das Brautpaar oder die Eltern vorsorglich Bänder für alle.

Je motorisierter unsere Welt wird, desto lieber greifen Brautpaare auf die altbewährte **Kutsche** zurück. Auf dem Lande und unter Reitfreunden sorgen meist Bekannte des Brautpaares für ein entsprechendes Gefährt. Ansonsten ist es über einen Hochzeitsservice oder Spezialanbieter erhältlich. Natürlich wird auch die Kutsche prächtig mit Blumen und Grün geschmückt.

Früher wurde der Weg oft im Galopp zurückgelegt, um den bösen Mächten zu entkommen. Die Pferde bekamen zuweilen Branntwein vor der Fahrt zu saufen, damit sie schneller liefen.

Übrigens

Das Hochzeitsgefährt muss nicht immer ein Auto oder eine Kutsche sein. Wie wäre es beispielsweise mit einer Rikscha, einem Motorrad mit Beiwagen oder einem Traktor mit Anhänger?

Traut euch!

Auf dem Standesamt und in der Kirche

Die Eheschließung auf dem Standesamt ist Pflicht. Doch eine Hochzeit ohne kirchliche Trauung erscheint vielen Brautpaaren einfach unvorstellbar.

Einst war die Trauung ausschließlich Sache der geistlichen Gerichtsbarkeit. Doch seit dem 6. Februar 1875 ist die Eheschließung auf dem Standesamt obligatorisch, und auch in Deutschland wurde damit die bürgerliche Gültigkeit der Ehe von der kirchlichen Segnung unabhängig gemacht.

Die standesamtliche Trauung

Vor zwei Zeugen teilten die Brautleute dem Standesbeamten mit, dass sie die Ehe eingehen wollen. Der Standesbeamte erklärt sie damals wie heute Kraft des Gesetzes zu rechtmäßig verbundenen Eheleuten und trägt die Eheschließung in das Heiratsregister ein.

An der standesamtlichen Zeremonie hat sich von ihren Anfängen bis heute nichts Grundsätzliches geändert. Allerdings sind Trauzeugen seit dem 1.7.1998 nicht mehr zwingend notwendig. Die meisten Paare halten vorerst aber noch an diesem Brauch fest.

Die standesamtliche Trauung muss stets vor der kirchlichen stattfinden. Oft ist sie eine recht nüchterne Angelegenheit. Die Atmosphäre ist sehr von Temperament und Redekunst des Standesbeamten abhängig. In der Regel ist die Trauung nach 15 bis 20 Minuten beendet. Wer nur standesamtlich heiratet und es deshalb gern etwas ausführlicher und feierlicher möchte, kann diesen Wunsch bei der Anmeldung zur Eheschließung angeben. Eventuell stellt das Standesamt für eine längere Trauzeremonie aber höhere Kosten in Rechnung.

Wer nicht nur die Trauzeugen und die Eltern an der standesamtlichen Trauung teilnehmen lassen möchte, sollte auch das vorher besprechen. In manchen Rathäusern oder Standesämtern stehen verschieden große Trauzimmer zur Verfügung, die der Hochzeitsgesellschaft entsprechend ausgewählt werden.

Möchten Sie zur Untermalung der Zeremonie eine Musikkassette abspielen, ist das in Absprache mit dem Standesbeamten durchaus möglich. Sie sollten jedoch vorher klären, ob ein Kassettenrekorder vorhanden ist oder mitgebracht werden muss.

Der beliebteste Tag für die standesamtliche Trauung ist heute der Freitag. Einen Tag später folgt für viele die kirchliche Trauung. Wer auch kirchlich heiratet, veranstaltet nach dem Standesamt in der Regel keine große Feier. Viele Brautpaare gehen mit den Trauzeugen essen.

Ist die Trauung am frühen Vormittag, kann ein gemeinsames Frühstück folgen. Gern überraschen Kollegen oder Freunde das Brautpaar vor dem Standesamt mit einem kleinen Sektempfang. Oder das Brautpaar lädt selbst zu einem ungezwungenen Imbiss mit Canapées und Sekt oder Champagner ein.

Mit Gottes Segen: die kirchliche Trauung

Die Brautleute können die Kirche frei wählen, es muss nicht die in der eigenen Gemeinde sein. Der Ortspfarrer aus der Kirchengemeinde der Braut muss allerdings die Erlaubnis für die Heirat geben und dem Pfarrer der auserwählten Kirche einen entsprechenden Trauauftrag erteilen.

Manchmal möchte das Brautpaar auch in der eigenen Kirchengemeinde von einem vertrauten oder befreundeten Pfarrer aus einer anderen Gemeinde getraut werden. Dazu muss natürlich der Pfarrer, in dessen Kirche die Trauung stattfinden soll, seine Zustimmung geben. Doch normalerweise werden solche Wünsche ohne Schwierigkeiten erfüllt.

Ein Produkt der Aufklärung

Als erstes Land hat Frankreich während der französischen Revolution die obligatorische Zivilehe eingeführt. Diese Gesetzgebung bezüglich der Eheschließung mündete in das Gesetzwerk »Code Civil« von 1804, dessen Leitgedanke die Unabhängigkeit des Rechtes von Kirche und Religion ist.

Die Zeremonie

Für die kirchliche Trauung gibt es verschiedene Möglichkeiten. In der Regel wird ein spezieller Traugottesdienst gefeiert, dessen Länge das Brautpaar mitbestimmen kann. Den Ablauf, die Auswahl der Lieder, des Evangeliums, der Lesungen und natürlich des Trauspruches werden Pfarrer und Brautpaar vorab in einem Gespräch klären (s. S. 32/33). Gern bitten die Brautpaare ihre Trauzeugen, die Fürbitten zu lesen. Auch kann ein Freund eine Ansprache statt der Predigt halten.

Heute schreitet das Brautpaar meist gemeinsam zum Altar. Bei sehr traditionellen Hochzeiten wird die Braut von einem Brautführer durch den Mittelgang des Kirchenschiffes zum Altar geleitet, wo bereits der Bräutigam auf sie wartet. Die Rolle des Brautführers übernimmt in der Regel der Vater der Braut.

Der evangelische Pfarrer begleitet das Brautpaar vom Portal durch den Mittelgang zum Altar. Der katholische Pfarrer tritt dagegen erst am Altar zum Brautpaar.

Während der eigentlichen Trauzeremonie werden die Ringe vom Pfarrer gesegnet, das Brautpaar erklärt seinen Ehe-

Vermählungsspruch

»(Name), vor Gottes Angesicht nehme ich dich an als meine(n) Frau/Mann. Ich verspreche dir die Treue in guten und bösen Tagen, in Gesundheit und Krankheit, bis der Tod uns scheidet. Ich will dich lieben, achten und ehren alle Tage meines Lebens.«

willen und tauscht die Ringe. Anschließend bestätigt der Pfarrer den Ehebund und spricht über die Neuvermählten den Trauungssegen. Bei der katholischen Trauung legt der Pfarrer während des Segens seine Stola um die Hände der Brautleute.

Die Eheschließung kann auf zwei verschiedene Arten erfolgen: Entweder spricht das Brautpaar einen Vermählungsspruch oder es bestätigt den Ehewillen durch das »Ja-Wort«.

Besonders geprägt wird der Traugottesdienst durch die musikalische Untermalung. Wer's klassisch mag, lässt die Zeremonie von feierlichen Orgelklängen begleiten. Sie können aber auch einen Sänger oder eine Sängerin oder gleich einen ganzen Chor, einen Instrumentalsolisten, ein Streichquartett oder einen Musikverein für Ihre Hochzeitsfeier engagieren.

Falls Sie keine musikalische Unterstützung möchten, sollten Sie dafür sorgen, dass alle Besucher der Trauung die Lieder mitsingen können, indem Sie vorher die von Ihnen ausgewählten Texte auslegen lassen.

In Deutschland ist allein die Eheschließung auf dem Standesamt rechtlich bindend. Doch viele Paare möchten auf den kirchlichen Segen nicht verzichten: sei es, weil er ihnen den feierlichen Rahmen liefert, den sie sich wünschen, oder aber weil sie den tiefen Ernst der Eheschließung nur in einer kirchlichen Trauung verwirklicht finden.

Das sagt der Volksmund

Vorsicht: Glück und Harmonie in Gefahr

- Es bringt Unglück, wenn die Braut sich auf dem Weg durch die Kirche zum Altar umsieht.
- Die Brautleute dürfen sich beim gegenseitigen Anstecken der Ringe nicht auf die Finger sehen, sonst ist der Ehefrieden in Gefahr.
- Fällt einer der Ringe auf den Boden, bringt auch das Unglück.
- Die ersten Machtkämpfe finden traditionell schon in der Kirche statt. Bereits hier wird in erster Runde bestimmt, wer das Sagen in der Ehe haben wird. Dafür muss der Bräutigam beim Empfangen des Segens auf dem Saum des Brautkleides niederknien. Will die Braut den dominierenden Part übernehmen, muss sie beim Aufstehen nach dem Segen auf den Fuß ihres Zukünftigen treten. Diese Bräuche wurden bereits 1250 von einem Augustinermönch bezeugt.
- Beim Händereichen kann das Machtgerangel weitergehen. Wer die Hand oben hat, bekommt das Sagen.

Die schönsten Trausprüche

Bei der kirchlichen Trauung erhält jedes Brautpaar einen Trauspruch. Die meisten Brautpaare wählen ihn in Absprache mit dem Pfarrer selbst aus. Dieser Trauspruch, der idealerweise als Leitsatz für die ganze Ehe gilt, kann aus der Bibel oder von einem Dichter oder Philosophen stammen. Wer möchte, kann den Trauspruch auch selbst formulieren. Hauptsache, das gewählte Motto spricht Ihnen aus dem Herzen!

Zur Inspiration für einen individuellen Vers

Wer den anderen liebt,
lässt ihn gelten,
so wie er ist,
wie er gewesen ist
und wie er sein wird.

• Trausprüche aus der Bibel

Leg mich wie ein Siegel auf dein Herz, wie ein Siegel an deinen Arm! Denn Liebe ist stark wie der Tod, und Leidenschaft unwiderstehlich wie das Totenreich. Ihre Glut ist feurig und eine Flamme des HERRN, so dass auch viele Wasser die Liebe nicht auslöschen und Ströme sie nicht ertränken können.
Das Hohelied 8,6-7

Auch bis in euer Alter bin ich derselbe, und ich will euch tragen, bis ihr grau werdet.
Jesaja, 46,4

Ich will mich mit dir verloben für alle Ewigkeit, ich will mich mit dir verloben in Gerechtigkeit und Recht, in Gnade und Barmherzigkeit.
Hosea, 2,21

So sind sie nun nicht mehr zwei, sondern ein Fleisch. Was nun Gott zusammengefügt hat, das soll der Mensch nicht scheiden.
Matthäus, 19,6

Seid niemand etwas schuldig, außer dass ihr euch untereinander liebet.
Römerbrief, 13,8

Die Liebe erträgt alles, sie glaubet alles, sie hoffet alles, sie duldet alles. Die Liebe höret nimmer auf.
1. Korintherbrief, 13,7-8

Nun aber bleibt Glaube, Hoffnung, Liebe, diese drei; aber die Liebe ist die größte unter ihnen.
1. Korintherbrief, 13,13

Gott ist Liebe; und wer in der Liebe bleibt, der bleibt in Gott und Gott in ihm.
1. Johannesbrief, 4,16b

Vor allem aber liebt einander, denn die Liebe ist das Band,

das alles zusammenhält und vollkommen macht.
Kolosserbrief, 3,14

Auch Verse und Weisheiten von weltlichen Autoren können Sie als Trauspruch wählen

Liebe besteht nicht darin,
dass man einander ansieht,
sondern dass man in die
gleiche Richtung blickt.
Antoine de Saint-Exupéry

Die Liebe hemmet nichts;
sie kennt nicht Tür noch
Riegel,
und dringt durch alles sich;
sie ist ohn Anbeginn,
schlug ewig ihre Flügel,
und schlägt sie ewiglich.
Matthias Claudius

Wir müssen stark werden,
ohne je unsere Zärtlichkeit zu
verlieren.
Che Guevara

Einzeln sind wir Worte,
zusammen ein Gedicht.
Georg Bydlinski

Jeder geliebte Mensch ist der
Mittelpunkt eines Paradieses.
Novalis

Rent a Pfarrer: die Alternative zur Amtskirche

► Sie sind aus der Kirche ausgetreten, wollen aber trotzdem eine christliche Trauzeremonie?
► Sie sind katholisch, geschieden und wollen aber ein

Mit Schornsteinfeger und (Geld-)Briefträger als Glücksboten – was kann da noch schief gehen für dieses frisch getraute Berliner Paar von 1952.

weiteres Mal mit Gottes Segen heiraten?

Sie wollen zwar eine christliche, aber dennoch unkonventionelle Trauung, beispielsweise nachts unter freiem Himmel?

Für all diese »Probleme« gibt es eine Lösung. Sie lassen sich nicht von einem amtskirchlichen Pfarrer trauen, sondern mieten einen freiberuflichen Theologen. Das sind Pfarrer, die sich von der Amtskirche abgewendet haben und nun selbstständig arbeiten.

In Absprache mit dem Brautpaar bieten die freiberuflichen Pfarrer einen ganz privaten Gottesdienst. Diese Trauung kann in einer Kirche oder Kapelle stattfinden, aber auch ganz unkonventionell in einem Zelt, unterm Sternenhimmel, auf dem Fußballfeld oder einfach in der eigenen Wohnung.

Wenn Sie also Wert auf eine besondere Trauzeremonie legen, aber aus irgendeinem Grund nicht amtskirchlich heiraten können oder wollen, ist dies vielleicht eine Möglichkeit.

Die meisten freiberuflichen Theologen trauen auch ohne vorherige standesamtliche Eheschließung. Das ist zwar eher die Ausnahme, kommt aber durchaus vor, etwa, wenn einer der Partner geschieden ist und mit einer neuen Eheschließung seinen Versorgungsanspruch verlieren würde. Trotzdem will das Paar den neue Liebesbund mit Gottes Segen feiern.

Die freiberufliche Theologen berechnen selbstverständlich ein Honorar für ihre Trauung. Je nach Aufwand können Sie mit 300 bis 1000 DM rechnen. Nach Meinung der Freischaffenden ein Klacks im Vergleich zur Kirchensteuer!

Falls Sie Interesse an dieser Alternative haben, finden Sie unter *»Nützliche Adressen«, Seite. 122,* Name und Anschrift freiberuflicher Theologen. Die bis jetzt noch recht kleine Gruppe der freien Pfarrer reist bundesweit zu Hochzeiten an.

Hochzeitsplaner
zum Heraustrennen

4 - 6 Monate vorher

- ☐ Hochzeitstermin festlegen.
- ☐ Eltern über die bevorstehende Hochzeit informieren.
- ☐ Wie soll geheiratet werden? Nur standesamtlich oder auch kirchlich? Bei verschiedener Konfession: katholisch, evangelisch oder ökumenisch?
- ☐ Wo soll gefeiert werden? Im Restaurant, in einem gemieteten Saal, im Haus der Eltern oder beim Brautpaar?
- ☐ Kostenplan aufstellen und klären, wer die Kosten für die Hochzeit übernimmt. Eltern, Schwiegereltern, Brautpaar oder alle gemeinsam?
- ☐ Eventuell schon jetzt Termin bei Standesamt und Kirche festlegen.
- ☐ Falls Sie noch nicht zusammenleben, sollten Sie sich jetzt um eine Wohnung und die Einrichtung kümmern.
- ☐ Arbeitgeber über Hochzeit informieren und Urlaub einreichen, drei Tage Sonderurlaub sind üblich.

Auch noch so viel Organisationstalent schützt womöglich nicht davor, dass etwas Wichtiges vergessen wird. Mit diesem Hochzeitsplaner sehen Sie auf einen Blick, was noch zu erledigen ist.

3 Monate vorher

- ☐ Papiere kontrollieren und notwendige Dokumente besorgen.
- ☐ Gästeliste aufstellen.
- ☐ Eventuell Trauzeugen und Brautführer auswählen.

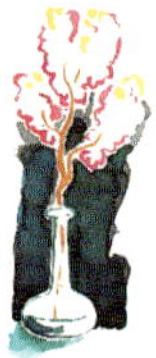

☐ Restaurant aussuchen. Probeessen und Menüvorschläge mit Preisangeboten einholen. Auch auf die Räumlichkeiten achten: Gibt es einen ansprechenden seperaten Raum zum Feiern oder kann das ganze Lokal gemietet werden?

☐ Termin mit dem Pfarrer ausmachen.

☐ Anzeigen und Einladungskarten drucken lassen.

☐ Hochzeitsreise buchen.

8 - 10 Wochen vorher

☐ Einladungen verschicken, wenn nötig mit Lageplan.

☐ Musiker für die Kirche buchen.

☐ Musiker für weltliche Feier buchen.

☐ Termin im Restaurant festlegen und abklären, wie die Tische gestellt werden.

☐ Falls Sie zu Hause feiern: Partyservice beauftragen.

☐ Auf dem Standesamt Termin vereinbaren (falls nicht schon erledigt).

☐ Mit dem Pfarrer die kirchliche Trauung besprechen.

☐ Geschenkliste anfertigen und in Umlauf bringen.

☐ Artikel für den Geschenktisch in einem Haushaltswarengeschäft aussuchen.

☐ Hochzeitskleidung kaufen.

☐ Ehevertrag bei Rechtsanwalt aufsetzen lassen.

6 Wochen vorher

☐ Zu- und Absagen der Gäste überprüfen.

☐ Trauringe kaufen und gravieren lassen oder Verlobungsringe eventuell weiten lassen.

☐ Hotel für die auswärtigen Gäste buchen oder sich um private Übernachtungsmöglichkeiten kümmern.

☐ Polterabend organisieren und den Termin in Umlauf bringen.

☐ Fotograf buchen.

☐ Menü im bereits reservierten Restaurant festlegen oder beim Partyservice bestellen, Essenszeiten abklären.

3 - 4 Wochen vorher

☐ Termin mit Friseur und Kosmetikerin vereinbaren.

☐ Auto oder Kutsche mieten.

☐ Brautstrauß bestellen.

☐ Blumenschmuck für Kirche, Auto und eventuell Restaurant bzw. Festsaal bestellen.

☐ Tisch- und Menükarten schreiben oder in Auftrag geben.

2 Wochen vorher

☐ Tischordnung festlegen.

☐ Anzeige für die Tageszeitung aufgeben.

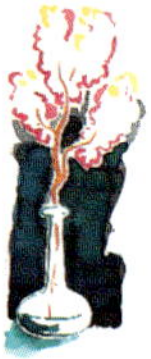

- ☐ Hochzeitsgarderobe noch einmal anprobieren, Schuhe einlaufen.
- ☐ Hochzeitstorte und andere Kuchen bestellen.
- ☐ Mitfahrgelegenheiten für die Gäste organisieren.
- ☐ Kinder zum Blumenstreuen einladen.
- ☐ Vorbereitungen für Polterabend treffen: Getränke kaufen, Biertische und -bänke bestellen und falls nicht vorhanden Straßenbesen besorgen.
- ☐ Container für die Scherben bestellen.
- ☐ Sämtliche Termine bestätigen lassen.
- ☐ Anzeigen an die nicht eingeladenen Bekannten und Verwandten verschicken.

1 Woche vorher

- ☐ Hochzeitsreise vorbereiten.
- ☐ Essen für Polterabend vorbereiten.
- ☐ Kleingeld für Bräuche und als Trinkgeld bereithalten.
- ☐ Zeitung und Post für die Zeit der Hochzeitsreise abbestellen.
- ☐ Evtl. jemanden bitten, am Hochzeitstag die Wohnung zu hüten, um Geschenke und Blumen entgegenzunehmen.
- ☐ Spätestens jetzt die »Anmeldung zur Eheschließung« auf dem Standesamt erledigen.

finanzplan zum Heraustrennen

Kostenpunkt	Angebot	effektive Kosten	bezahlt
Probeessen			
Restaurant ...			
Polterabend			
Büffet			
Getränke			
Containermiete			
Dokumente			
Standesamt			
Konsulat			
Drucksachen			
Einladungen			
Umschläge			
Porto			
Tischkarten			
Menükarten			
Zeitungsinserat			
Bewirtung			
Nach dem Standesamt			
Menü pro Person			
Hochzeitstorte			
Getränke			

Kostenpunkt	Angebot	effektive Kosten	bezahlt
Garderobe			
Kleid Standesamt			
Anzug Standesamt			
Brautkleid			
Schleier / Hut			
Accessoires			
Dessous			
Anzug Bräutigam			
Hemd / Binder			
Schuhe / Braut			
Schuhe / Bräutigam			
Übernachtungen			
Doppelzimmer			
Einzelzimmer			
Sonstiges			
Ringe			
Friseur			
Brautstrauß			
Blumenschmuck			
Miete Kutsche / Auto			
Musiker			
Fotograf			
Geschenke für Gäste			
Trinkgelder			
Hochzeitsreise			

Gästeliste

zum Heraustrennen

Name	Adresse	Personen-zahl	Unterkunft	kommen ja/nein

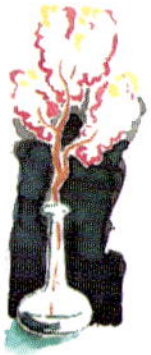

Name	Adresse	Personen-zahl	Unterkunft	kommen ja/nein

Tischordnung
zum Heraustrennen

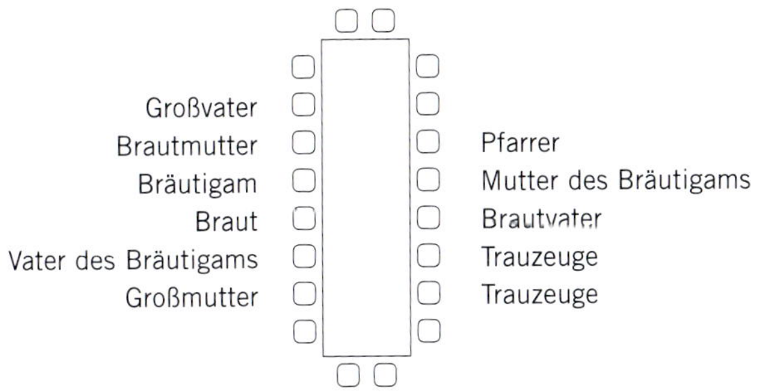

Beispiel einer traditionellen Anordnung

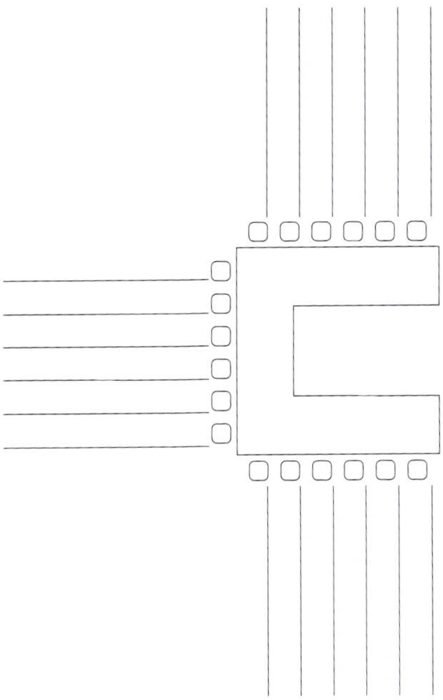

Diese Skizzen gängiger Tischformen, die Sie auch fotokopieren, vergrößern und je nach Bedarf verlängern können, sollen Ihnen helfen bei der optimalen Platzierung Ihrer Gäste. Wie Sie dabei am besten vorgehen, lesen Sie ab Seite 86.

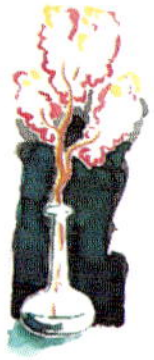

Tischordnung zum Heraustrennen

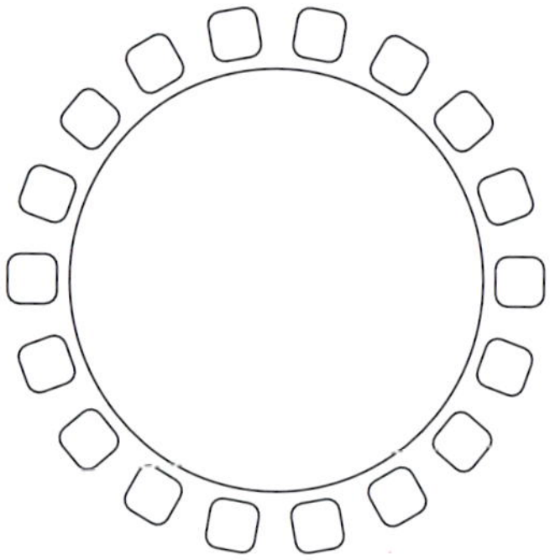

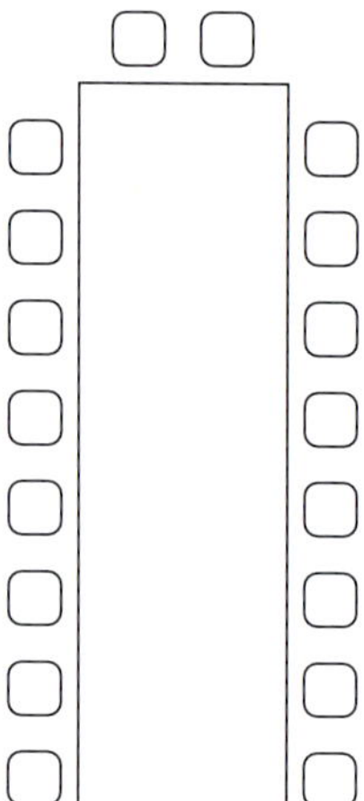

Ideensammlung
für Ihre Wunschliste

Kaffee- & Teeservice
Teller
Tassen mit Untertassen
Kaffee- und Teekanne
Milchkännchen
Zuckerdose
Espresso-Geschirr
Milchkaffeetassen
Isolierkanne
Eierbecher
Butterdose
Tortenplatte

Tafelservice
flache und tiefe Teller
Dessertteller oder -schalen
Platzteller
Schüsseln
Deckelschüssel
Fleischplatte
Sauciere
Salzstreuer
Pfeffermühle
Fondueservice mit Topf und Rechaud

Gläser & Zubehör
Sektflöten
Rotweingläser
Weißweingläser
Biergläser
Likörgläser
Sherrygläser
Cognacschwenker
Whiskygläser
Cocktailgläser
Wassergläser
Bowlenset
Karaffe
Sektkühler
Eiseimer
Weinkühler
Shaker
Eiscrasher
Barbesteck
Weinstellage

Besteck & Co
Tafelbesteck
Kuchengabeln
Fischbesteck
Vorlegelöffel
Vorlegegabel
Suppenschöpfer
Saucenschöpfer
Salatbesteck
Tortenheber
Zuckerzange
Messerset
Geflügelschere
Küchenschere
Tranchiermesser
Wetzstahl
Wiegemesser

Töpfe & Pfannen
Kochtopf klein, mittel, groß
Bräter
Milchtopf
Milchschäumer
Stielkasserolle
Spaghettitopf
Spargeltopf
Schnellkochtopf

Ganz gleich, welche Form der Wunschäußerung Sie wählen: Anhand dieser Auflistung fällt es Ihnen sicher leichter zu entscheiden, was auf Ihrem Geschenktisch stehen soll oder was Sie auf Ihrer Wunschliste vermerken wollen.

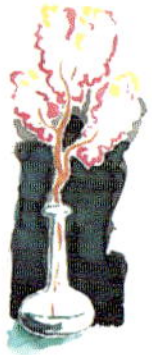

Römertopf
Teekessel
Pfanne klein, mittel, groß
Fischdünster
Wok
Gratinformen

Küchenutensilien
Backformen
Küchenwaage
Messbecher
Rührschüssel
Flaschenöffner
Korkenzieher
Gemüsehobel
Kartoffelpresse
Pizzaschneider
Parmesanreibe
Salatschleuder
Siebe
Schüsseln
Schneebesen
Kochlöffel
Wender
Schaumlöffel
Spaghettizange
Kurzzeitwecker
Käseglocke
Garnierspritze
Teigroller
Tablett

Elektrogeräte
Kaffeemaschine
Espressomaschine
Toaster
Brotmaschine
Eierkocher
Küchenmaschine
Handrührer
Mixer
Zitruspresse
Entsafter
Wasserkocher
Fritteuse
Mikrowelle
Raclette
Tischgrill
Elektromesser
Fernseher
Videorekorder
(Mini)Stereoanlage
Radio
Nähmaschine
Staubsauger
Bügeleisen
Föhn
Bohrmaschine
Schraubendreher

Wäsche
Bettwäsche
Laken
Tagesdecke
Handtücher
Duschtücher
Badetücher
Gästehandtücher
Geschirrtücher
Tischdecken
Stoffservietten
Kissenhüllen

Sonstiges Hausgerät
Küchenuhr
Personenwaage

Bügelbrett
Wäschekorb
Trittleiter
Werkzeug
Balkonmöbel

Dekoratives
Keksdosen
Vasen
Spiegel
Kerzenständer
Bilderrahmen
Obstschale
Keksdosen
Serviettenringe
Sammelobjekte wie
  Paperweights
  altes Silber
  Taschenuhren
  Manschettenknöpfe
Zeitschriftenkorb

Zimmerpflanzen
Terrakottagefäße

Urlaubsutensilien
Koffer
Reisetasche
Rucksack
Trolly
Reiseführer
Schuhputz-Set

Just for Fun
Bücher (Autor und Titel angeben)
CDs (Musiker und Titel angeben)
Zeitschriftenabonnement
Kochbücher
Leselampe
Picknickkorb und -decke
Fitnessutensilien

Wunschliste

So könnte Ihre Liste aussehen

Artikel	Hersteller	Design	Preis

Eigene Notizen

Checkliste

zum Heraustrennen

Nach der Hochzeit zu erledigen

- ☐ Vermieter informieren
- ☐ Arbeitgeber informieren
- ☐ Krankenkasse informieren
- ☐ Versicherungen ändern, kündigen oder neu abschließen
- ☐ Finanzamt informieren
- ☐ Steuerklasse bei Lohnsteuerkarte umschreiben lassen
- ☐ Sparbücher umschreiben lassen, evtl. Partner Verfügungsrecht über das eigene Konto geben
- ☐ offene Rechnungen für Hochzeitsfeier bezahlen
- ☐ Hochzeitsfotos für die Gäste nachbestellen

Eine Eheschließung bringt mehr oder weniger große Veränderungen mit sich. Deshalb erwarten Sie auch nach der Feier noch etliche Formalitäten und Verpflichtungen.

Falls sich Name und Adresse geändert haben:

- ☐ beim Einwohnermeldeamt ummelden
- ☐ Pass und Personalausweis beim Einwohnermeldeamt ändern lassen
- ☐ Versorgungsbetriebe wie Wasserwerk, Gas- und Elektrizitätswerk informieren
- ☐ Name im Führerschein und in den Fahrzeugpapieren ändern lassen
- ☐ Namensänderung im Telefonbuch beantragen

Eigene Notizen

Ab jetzt gemeinsam!

Bräuche nach der Trauung

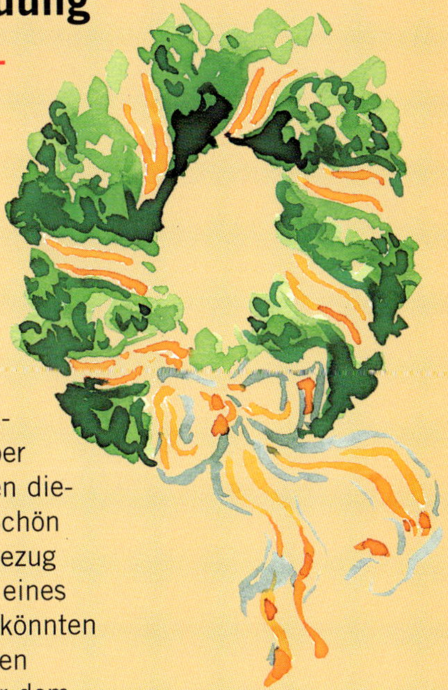

Kaum ist das frisch getraute Paar über den Blütenteppich der Blumenkinder aus der Kirche getreten, muss es sich den Weg ins gemeinsame Leben mühsam freikämpfen.

Dem Brautpaar nach der Trauung den Weg zu versperren, ist schon ein sehr alter Brauch. Er stammt aus einer Zeit, als vornehmlich innerhalb des eigenen Dorfes geheiratet wurde. Das Lösegeld war eine Art Sanktion gegen den Verstoß dieser Regel: Dorfordnungen aus dem 15. Jahrhundert forderten, bei Einheirat einen Obulus zu entrichten. Später wurde dieses Ritual auch als eine Art Freikaufen des Bräutigams von seinen Jugendsünden betrachtet.

Von Wegsperren und Spalieren

Symbolisch gesehen beginnt mit diesen Bräuchen der gemeinsame Weg mit Hindernissen, die es zu überwinden gilt. Heute sind es meist Kinder, die dem Brautpaar beim Heraustreten aus der Kirche vorspannen. Als Lösegeld wirft das Brautpaar ihnen Pfennige und Bonbons zu. Aber auch Erwachsene dürfen diesen Brauch ausüben. Schön ist es, wenn er einen Bezug zum Beruf oder Hobby eines der Brautleute hat. So könnten vielleicht die Kolleginnen einer Krankenschwester dem Paar mit ausgerollten Mullbinden den Weg versperren. Einem Paar, das in der Musikbranche tätig ist, wird mit dem herausgezogenen Band einer Kassette vorgespannt. Das Brautpaar bekommt eine Schere in die Hand gedrückt und muss sich den Weg frei schneiden.

Vor der Kirche wird das Brautpaar auch gern mit einem Spalier empfangen. Oft übernehmen Kollegen und Kolleginnen der Brautleute diese Tradition. Das Spalier kann aus bunt geschmückten Stöcken oder Sonnenblumen bestehen, die von zwei Seiten gegeneinander hochgehalten werden. Oder es kann einen Bezug zum Beruf oder Hobby des Brautpaares haben. Ein Bauernpaar wird mit geschmückten Mistgabeln empfangen, begeisterte Tennisspieler mit einem Spalier aus Tennisschlägern, Reiter mit Gerten, Hobby- oder Berufsgärtner mit Spaten und Rechen. Der Phantasie sind keine Grenzen gesetzt.

Eine im Wortsinn herzige Art, das Brautpaar zu begrüßen, stammt aus jüngerer Zeit. Auf ein Laken wird ein großes rotes Herz gemalt. Die Brautleute bekommen je eine Schere in die Hand gedrückt und müssen das Herz ausschneiden – jeder eine Seite. Begonnen wird an der Spitze. Wer zuerst fertig ist, wird vom Verlierer durch die Herzöffnung getragen. Um die Gewinnchancen nicht dem Zufall zu überlassen, bekommt der Mann eine Nagelschere und die Frau eine gut schneidende Stoffschere. Das ausgeschnittene Herz dient manch frischverliebtem Paar als Wandschmuck über dem Ehebett.

Vom Reiswerfen und von Seifenblasen

Der Brauch will es, dass das Brautpaar beim Verlassen der Kirche mit Reis beworfen wird. Früher wurden dafür je nach

Übrigens

Der Brauch des Freikaufens war im Zeitalter der Aufklärung vielerorts mit der Begründung verboten, dass es sich um »abgezweckte Gelderpressung« handle und gegen die Ordnung und Sittlichkeit verstoße. Erhalten hat sich der Brauch dennoch.

Ein alter Brauch

Baumstammsägen

Das gemeinsame Sägen erfreut sich auch heute noch großer Beliebtheit. Vor der Kirche wird auf zwei Holzböcke ein nicht zu dicker Stamm gelegt, den die Brautleute mit einer Ziehsäge durchsägen müssen. Sie sollen damit zu Beginn ihrer Ehe beweisen, dass sie gut zusammenarbeiten können. Ursprünglich organisierten die Burschen des Dorfes den Baumstamm. Heute kann man das Sägen bei organisierten Hochzeiten gleich mitbestellen, natürlich gegen Aufpreis.

Region auch Getreidekörner, Leinsamen oder Erbsen verwendet. Der Gedanke, der hinter diesem Brauch steht, ist immer der gleiche. Das Bewerfen mit den körnerreichen Früchten galt als Glück- und Segenswunsch und Fruchtbarkeitszauber: So viele Körner auf dem Kleid der Braut haften bleiben, so viele Kinder soll sie bekommen.

Vor vielen Kirchen und Standesämtern ist das Werfen mit Reis mittlerweile verboten oder zumindest unerwünscht. Die anschließende Reinigung des Vorplatzes wird als zu arbeitsintensiv angesehen. Andere verurteilen das Reiswerfen als Verschwendung von Lebensmitteln.

Als Alternative zum Reiswerfen wird der Empfang des Brautpaares mit Seifenblasen immer beliebter. Besonders Kinder begeistern sich natürlich für diesen neuen Brauch. Bei den Bräuten kommen die Seifenblasen allerdings nicht immer gut an. Auf empfindlichen Stoffen können die geplatzten Blasen nämlich hässliche Flecken und Ränder hinterlassen.

Eine schöne Überraschung nach der Kirche ist ein mit Luftballons übersäter Himmel. Ein Freund oder Verwandter des Brautpaares übernimmt die Organisation. Er besorgt für jeden Gast einen gasgefüllten Luftballon, an dem eine frankierte, an das Brautpaar adressierte Karte hängt. Jeder schreibt nun auf die Karte irgendetwas, was er dem Brautpaar zusätzlich schenken möchte: eine Einladung zum Eisessen, Gutschein für 3 x Gassigehen mit dem Hund, Gutschein für 1 x Fensterputzen, Überraschungsei, Buch usw. usw. Glücksspieler können natürlich auch einen 1000-DM-Schein versprechen. Für denjenigen, der den Luftballon nach seiner Landung findet, sollten folgende klärende Zeilen hinzugefügt werden:

*»Lieber Finder,
bitte schicke diese Karte an die angegebene Adresse. Es handelt sich um ein Brautpaar, das bei Erhalt der Karte die vom Absender versprochene Überraschung bekommt.*

Vielen Dank!«

Blumenkinder

Dass kleine Kinder für das Brautpaar Blümchen streuen, ist ein ganz alter Brauch. Auch dahinter steckt ein Fruchtbarkeitsritual, das dem Brautpaar einen reichen Kindersegen bescheren soll.

Eine bayrische Tradition: der Hochzeitslader

Seit dem 17. Jahrhundert war es in bayrischen Gemeinden Tradition, dass der Hochzeitslader oder Hochzeitsbitter die Gäste einlud. Der Hochzeitslader ging zum Haus eines jeden Gastes und überbrachte die Einladung in Versform:

»Als Hochzeitslader wohlbekannt, / hat mich das Brautpaar ausgesandt, / und sie haben mir aufgetragen, / ich soll Euch heut zur Hochzeit laden. / In diesem Haus, ob groß, ob klein, / alle laden's gern zur Hochzeit ein.

Die Anna und der Jupp sind schon lang bereit, / und am 3.7. da ist es endlich soweit, / dann beginnt ihr gemeinsames Leben, / und sie erhalten um 14 Uhr in der Pfarrkirch den kirchlichen Segen.

Hernach geht's ins Gasthaus Adler zum weltlichen Fest, / und auch da seid Ihr alle geladene Hochzeitsgäst. / Und damit's nicht vergesst's die Einladung von mir, / schreib ich Euch noch den Strauß an die Tür, / und somit hätt ma nix dageng, / wenn ma uns am 3.7. alle wieder sehn.«

Einladungsspruch des bayrischen Hochzeitsladers Josef Piendl

Heute lädt der Hochzeitslader, höchstens ein paar nahe Verwandte des Brautpaares persönlich ein. Ansonsten bekommen die Gäste ihre Einladungen schriftlich. Der moderne Hochzeitslader versteht sich eher als Conférencier, der das Brautpaar bei der Organisation unterstützt und während der Feier die Hochzeitsgesellschaft unterhält. Schon des Morgens holt er mit Musikbegleitung das Brautpaar an ihren Elternhäusern ab, stellt den Hochzeitszug auf und leistet dem Brautpaar moralischen Beistand.

Nach der Kirche lädt der Hochzeitslader die Gäste noch einmal zur weltlichen Feier ein. Im Gasthaus regelt er den Ablauf der Feier, hilft bei der Aufstellung für die Gruppenfotos, unterhält die Gäste, verteilt die Plätze, spricht das Tischgebet, sorgt für die Einhaltung der Etikette und sagt Tänze an. Wahre Schwerstarbeit bedeutet für ihn die Geschenkübergabe: Jedem Schenkenden singt er mundartliche Verse, so genannte Gstanzln.
Ein Hochzeitslader muss also über die vielfältigsten Begabungen verfügen: Organisationstalent und Diplomatie, Reimkunst und natürlichen Witz und nicht zuletzt über eine kräftige Stimme.

Mit dem Schlusstanz und der Verabschiedung geht für den Hochzeitslader ein oft 17-stündiger Arbeitstag zu Ende. Ob es sich finanziell lohnt, weiß er erst danach, denn sein Verdienst hängt allein von der Spendebereitschaft der Hochzeitsgesellschaft ab. Eltern und Verwandte geben meist etwas mehr, Freunde und Arbeitskollegen etwas weniger. Unter dem Strich kommen die Hochzeitslader auf durchschnittlich vier bis fünf Mark pro Gast.

Wenn Sie für Ihre Hochzeit einen professionellen Hochzeitslader engagieren möchten, sollten Sie sich rechtzeitig darum kümmern: Sie sind meist Monate im Voraus ausgebucht. – Und wie in früheren Zeiten sind auch heute Frauen im Amt des Hochzeitsladers die Ausnahme.

Zünftig und farbenfroh

Traditionell gehört zur Ausstattung des Hochzeitsladers ein mit farbigen Bändern geschmückter Stock: Weiß steht für Jungfräulichkeit, Rot für die Liebe, Blau symbolisiert die Treue und Grün die Hoffnung.

»Wackeln wia a Lader«
Das Aufsagen der Verse konnte durchaus eine Viertelstunde und länger dauern. War die Einladung ausgesprochen, bekam der Hochzeitslader einen Schnaps, weshalb für dieses Amt nur trinkfeste Männer in Frage kamen. Die Einladungen zu einer größeren Hochzeitsgesellschaft mussten daher nicht nur aus zeitlichen Gründen auf mehrere Tage verteilt werden. Trotzdem war der Hochzeitsbitter in diesen Tagen meist mehr oder weniger beschwipst. Daher stammt auch die bayrische Redensart von einem Angetrunkenen: »Er wackelt wia a Hochzeitslader.«

Die Hochzeitstafel

Liebe geht auch durch den Magen

Das gemeinsame Essen ist neben der Trauung der wichtigste und älteste Bestandteil einer Hochzeit und verlangt eine sorgfältige Organisation.

Sobald Ihre Gästeliste steht, können Sie anfangen, sich über die Tischordnung Gedanken zu machen – eine recht knifflige Angelegenheit. Vorher müssen Sie feststellen, wie die Tische gestellt werden können. Soll es eine große Tafel geben? Hat sie Hufeisenform, ist sie rechteckig oder rund? Oder werden mehrere kleinere Tische eingedeckt? Sobald das geklärt ist, können Sie mit der Arbeit beginnen.

Wer neben wem: die Tischordnung

Mit der Stimmung der Gäste steht und fällt die Hochzeitsfeier. Deshalb ist es wichtig, passende Tischnachbarn zu finden. Das Brautpaar sitzt auf jeden Fall an einem geschmückten Ehrenplatz in der Mitte. Traditionell sitzt die Braut rechts vom Bräutigam. Neben der Braut sitzt der Vater des Bräutigams, neben dem Bräutigam die Brautmutter. Gegenüber vom Brautpaar sitzen Brautvater und Mutter des Bräutigams. An diese alte Sitte muss man sich aber nicht mehr halten. Wird der Pfarrer eingeladen, sitzt er in der Nähe des Brautpaares, da er als Ehrengast gilt.

Ehepaare werden am Tisch getrennt, doch frisch verliebte Paare haben das meist nicht so gern. Bei der traditionellen Tischordnung wechseln sich jeweils ein Herr und eine Dame ab. Doch diese Regel können Sie getrost außer Acht lassen, es sei denn, man gehört zu einer stockkonservativen Adelsfamilie. Sobald ein Geschlecht zahlenmäßig überwiegt, gibt es bei dieser Form der Tischordnung sowieso Schwierigkeiten.

Harmonie und gute Unterhaltung gehen über Etikette! Warum also nicht zwei Frauen nebeneinander setzen, von denen man weiß, dass sie sich gut verstehen. Und der chauvinistische Onkel, der noch jede Frau brüskiert hat, sitzt vielleicht besser zwischen zwei Männern. Schwierig kann es werden, wenn Sie geschiedene Ehepaare, die sich spinnefeind sind, zu Ihrer Hochzeitsfeier einladen wollen oder müssen. Da ist es ratsam, sie möglichst weit auseinanderzusetzen und darauf zu vertrauen, dass sie sich zusammenreißen.

flirtbereiten Junggesellen. Ihr mag es zwar ganz gut gefallen, jedoch riskieren Sie, dass die Stimmung durch eine lautstarke Szene nachhaltig getrübt wird.

Mischen Sie die Familien von Bräutigam und Braut bei Ihrer Sitzordnung ruhig untereinander. Schließlich sollen sie sich kennen lernen. Die ehemaligen Schulfreunde, die sich auf Ihrer Hochzeit nach sieben Jahren das erste Mal wieder sehen, sitzen hingegen vermutlich gern zusammen. Und

Unser Tipp

Verteilen Sie Ihre Gäste auf mehrere kleinere Tische für acht bis zehn Personen. Nach Beobachtungen von professionellen Veranstaltern und Restaurants ist dort die Unterhaltung intensiver als an langen Tafeln.

Aus der Praxis

Kindergesellschaft

Kommen viele Schul- und kleinere Kinder zur Hochzeit, können Sie einen extra Kindertisch decken lassen. Ein kleines Überraschungsspielzeug für jedes Kind, Malblöcke, Buntstifte und Gesellschaftsspiele sorgen für Abwechslung. Und wenn Sie es ganz perfekt machen wollen, engagieren Sie einen Kinderanimateur, der sich um die Schar kümmert und für Unterhaltung sorgt. Kleinkinder hingegen sitzen oft am besten bei ihren Eltern oder Großeltern.

Auch zwei mundfaule Leute sollten Sie nicht nebeneinander setzen, sonst schweigen sie sich den ganzen Abend an. Die Frau des krankhaft eifersüchtigen, cholerischen Cousins gehört nicht an die Seite des charmanten, stets ob die Kollegen der Braut zu den Schulfreunden des Mannes passen, können Sie selbst am besten abschätzen.

Als Faustregel gilt: Je weniger die Gäste mit dem Brautpaar verwandt sind, desto weiter weg sitzen sie an der Hochzeitstafel. Nach strengen Benimmregeln gilt auch: Je jünger die Gäste sind, desto weiter weg sitzen sie vom Brautpaar. Aber das dürfen Sie heute ruhig etwas lockerer sehen.

Um Ihnen die Platzverteilung zu erleichtern, gibt es auf den Seiten 73/74 Tischskizzen zum Heraustrennen.

Tisch- und Menükarten

Natürlich hat die sorgfältig ausgeklügelte Tischordnung nur dann einen Sinn, wenn Tischkarten den Gästen ihren Platz weisen. Dafür gibt es verschiedene Möglichkeiten.

Sie können fertige Tischkarten kaufen, die in Form und Farbe zu der übrigen Dekoration, zu Tischtuch und Porzellan passen, oder Sie gestalten sie mit farbigem Karton selbst.
Der Name kann aufgedruckt oder mit schöner Handschrift eingetragen werden.
Manchmal dient die Menükarte gleichzeitig als Tischkarte. Der Name des Gastes ist in diesem Fall auf die Titelseite gedruckt.

Die Menükarte wird meist vom Restaurant mitgeliefert. Aber Sie können auch selbst eine entwerfen oder drucken lassen, vielleicht passend zu Ihren Einladungs- und Tischkarten.

Auf einer einfachen Karte stehen oben die Speisen, darunter die Getränke. Aber bei einer so feierlichen Angelegenheit wie dem Hochzeitsessen besteht die Karte oft aus einem Doppelblatt. Auf der Titelseite steht der Anlass der Feier mit Datum und Namen des Restaurants. Wird die Karte aufgeschlagen, steht rechts die Menüfolge und links sind die Weine aufgelistet, die zu den einzelnen Gängen serviert werden. Üblich sind auch Doppelkarten mit Einlegeblättern, die mit einer hübschen Kordel fixiert werden.

Originell, aber nicht ganz billig, ist ein Platzteller mit aufgedruckter Menüfolge, den die Gäste anschließend als Erinnerung mit nach Hause nehmen dürfen.

Übrigens

Einem alten Brauch zufolge muss der Braut während des Hochzeitsessens ein kleines Kind auf den Schoß gesetzt werden. Das galt früher als Garant für baldigen Kindersegen.

Das Festessen

Die Hochzeitstafel wird natürlich festlich geschmückt, denn wie heißt es so schön: Auch das Auge isst mit. Das Essen sollte bereits einige Wochen vor dem großen Tag mit dem Restaurant-Koch bzw. dem Partyservice abgesprochen werden. Auch die Frage, welche Getränke dazu gereicht werden, ist zu klären.
Findet das Fest zu Hause oder in einem gemieteten Saal ohne Bewirtung statt, nimmt man am besten die Dienste eines Caterers in Anspruch. Auch kochbegeisterte Verwandte können Salate oder Nachspeisen beisteuern. Das Brautpaar selbst sollte sich mit dieser zusätzlichen Arbeit nicht belasten. Beim Partyservice kann man meist auch Geschirr und Gläser sowie Bedienungspersonal mieten.

Ist die Trauung am Vormittag, wird die Feier mit einem Sektempfang oder Mittagessen beginnen. Nachmittags folgen Kaffee und Kuchen. In diesem Fall ist die Hochzeitsgesellschaft am Abend vermutlich schon ziemlich gesättigt. Ein leichtes Abendessen, vielleicht in Form eines Büffets, ist empfehlenswert. Viele kirchli-

Ein klassisches mehrgängiges Menü

Hors d'œuvre
Suppe
Fisch
Fleisch
je mit Beilagen
Dessert
Käse
Obst
Mokka

Natürlich können auch Gänge weggelassen werden. Bei einem üppigen Menü wird gern zwischen Fisch- und Fleischgang zur Entspannung des Magens ein Sorbet serviert, ein leichtes Fruchteis mit Zitrone, Weißwein, Sekt oder Champagner.

che Trauungen sind am frühen Nachmittag, ein Kuchenessen schließt an. Das Hauptfestessen ist das Abendessen, zu dem ein mehrgängiges Menü serviert werden darf.

schmeckt und stellt sich so sein individuelles Menü zusammen. Sie sollten aber bedenken – besonders bei großen Hochzeiten –, dass die

Ein altes Ritual

Die Morgensuppe

Die Hochzeit begann früher oft schon am Morgen. Die Hochzeitsgäste kamen ins Elternhaus der Braut oder des Bräutigams zur Morgen- oder Brautsuppe. Es gab ein ausführliches gemeinsames Frühstück, dessen Hauptbestandteil eben die Suppe, meist eine Hühnersuppe, war. Auch das Glücksbrot, das die Braut während der Einladungsrunde von Verwandten und Nachbarn bekommen hatte, war Bestandteil des Gerichts. Mit der Morgensuppe wurde das Paar in die Brot- und Hausgenossenschaft der Gemeinde aufgenommen. Zur Suppe wurde gern das eine oder andere Schnäpschen getrunken. Alte Quellen berichten, dass die Hochzeitsgäste nicht selten schon angeheitert in die Kirche kamen.
Der Brauch, sich am Hochzeitstag zu einem gemeinsamen Frühstück zu treffen, wird heute noch in ländlichen Gegenden Bayerns ausgeübt. Allerdings wird die Morgensuppe meist durch Weißwürstl und Brezeln ersetzt. Eine Maß Bier gehört allemal dazu.
Braut und Bräutigam müssen übrigens zum Zeichen ihrer künftigen Verbundenheit aus einem Teller essen, also im wahrsten Sinne des Wortes die Suppe gemeinsam auslöffeln.

Geht es ums Heiraten, spricht man heute nur noch selten von »Vermählung«. Dabei zeigt dieser alte Begriff doch ganz deutlich, welchen Stellenwert das gemeinsame »Mahl« bei diesem Familienfest schon immer hatte.

Ein kombiniertes Büffet aus kalten und warmen Speisen ist eine bewährte Alternative zum Menü. Der Vorteil eines Büffets ist, dass sich für jeden Geschmack etwas findet. Egal ob Vegetarier, Fischliebhaber oder Schleckermäulchen, jeder nimmt nur das, was ihm

Selbstbedienung am Büffet auch Einfluss auf die Atmosphäre hat: Es wird eindeutig unruhiger, denn ständig ist jemand mit seinem Teller unterwegs. Dauert die Hochzeitsfeier bis in die Nacht hinein, wird noch ein Mitternachtsimbiss serviert.

Tipp für Kids Ein Hochzeitsessen dauert lange und erfordert von den Kids viel Geduld. Verteilen Sie Blätter und Buntstifte und lassen Sie jedes Kind ein Bild von der Hochzeit malen. Alle Bilder werden später zu einem „Bilderbuch“ zusammengeheftet. So haben Sie eine zusätzliche schöne Erinnerung an Ihre Hochzeit.

Getränke Vor dem Essen wird ein Aperitif gereicht, der den Appetit anregen und den Magen öffnen soll. Je nach Geschmack kann das ein Campari, ein Sherry, ein Martini oder auch ein Glas Sekt oder Champagner sein. Zu einem guten Hochzeitsessen gehört Wein. Selbstverständlich bekommt jeder Gast auch ein Glas für Mineralwasser, das als Durstlöscher zum Wein getrunken wird. Dass darüber hinaus eine Auswahl alkoholfreier Getränke angeboten wird, versteht sich von selbst. Auch überzeugte Biertrinker sollte man nicht zum Wein zwingen. Nach dem Essen wird ein Digestif gereicht.

Tischreden

Obwohl kein unbedingtes Muss, gibt es kaum eine Hochzeit ohne Tischreden. Traditionell ist es der Brautvater, der eine Ansprache hält, es folgt der Vater des Bräutigams. Heute spricht allerdings auch nichts dagegen, dass Braut- oder Bräutigam-Mutter die Reden halten, vor allem dann nicht, wenn sie einfach mehr Talent dafür haben als ihre Männer.

Auch der Bräutigam oder die Braut können – vielleicht schon zur Begrüßung beim Aperitiv – kurz ihren Dank aussprechen.

In den meisten Familien finden sich noch mehr Redebegeisterte, komischerweise sind es meist Männer. Alle Reden sollten möglichst knapp gehalten werden, vor allem, wenn es sich beim Redner nicht gerade um ein rhetorisches Talent handelt. Im Grunde gilt immer noch die altbewährte Regel: Reden ist Silber, Schweigen ist Gold!

Der richtige Zeitpunkt

Wer eine Rede halten will, sollte nicht gerade dann an sein Glas klopfen, wenn das Essen serviert wird. Besser geeignet ist eine Pause zwischen den Gängen.

Die Entstehung der mehrstöckigen Hochzeitstorte

Ein Londoner Bäckergeselle liebte die Tochter seines Meisters und wollte nichts lieber, als sie heiraten. Seine Liebe zeigte er ihr auf die Art, die er gelernt hatte: Er backte ihr eine phantastische Torte. Dafür ließ er sich von den Türmen der St.-Bridge's-Kirche inspirieren. So entstand eine meterhohe Torte, die ein genaues Abbild des fünfstufigen Kirchturmes war. Rasch verbreitete sich die Kunde von diesem beeindruckenden Back-Bauwerk, und es diente fortan als Vorbild für viele Hochzeitstorten.

Häufig sind Hochzeitstorten mit Marzipan überzogen. Das hat seinen Grund: Marzipan besteht – neben Zucker und Rosenwasser – aus Mandeln, und die sollen seit alters her für Glück in der Liebe sorgen. In allen Ländern des Mittelmeers, wo Mandeln im Überfluss wachsen, ist es infolgedessen immer noch Sitte, zu Familienfesten gezuckerte Mandelkerne zu verteilen.

Vorgeschmack auf süße Träume: die Hochzeitstorte

Die heute üblichen Hochzeitstorten sind kunstvolle Backwerke, meistens aus drei bis fünf Etagen zusammengesetzt, rosa und weiß glasiert und mit Marzipanrosen verziert.
Den oberen Kuchen krönt ein kleines Brautpaar oder zwei Täubchen. Hat eine Hochzeitstorte fünf Etagen, so symbolisieren sie Geburt, Kommunion bzw. Konfirmation, Heirat, Kinderreichtum und Tod.

Nach altem Brauch muss das Brautpaar die Torte gemeinsam anschneiden. Wer von dem Brautpaar dabei die Hand oben hat, wird im künftigen gemeinsamen Leben das Sagen haben. Füttern sich die Brautleute gegenseitig mit dem Kuchen, so soll das für das zukünftige Eheglück sehr zuträglich sein. Ausprobieren kann nicht schaden!

In den Hochzeitskuchen werden eine gebrannte und eine ungebrannte Kaffeebohne eingebacken. Sie dienen als Orakel. Wer von den Gästen die gebrannte Bohne in seinem Kuchenstück findet, verlobt sich als Nächster, wer die ungebrannte erhält, bleibt ledig. Früher waren nur üppige Früchtekuchen als Naschwerk bekannt. Sie hatten aber den Vorteil, dass den Gästen ein »Stück vom Glück« mit nach Hause gegeben werden konnte.

Ein altes Ritual

Mit Unterstützung der Götter

Schon bei den Hochzeitszeremonien der Römer durfte der Kuchen nicht fehlen. Vor zweitausend Jahren wurde der Kuchen allerdings nicht nur gegessen, sondern die Reste wurden außerdem der Braut über dem Kopf zerbröckelt. Man zelebrierte auf diese Weise ein Fruchtbarkeitsritual, denn das darin enthaltene Weizenmehl war der Getreidegöttin Ceres geweiht, galt als Symbol für Fruchtbarkeit und sollte dem Paar einen reichen Kindersegen verschaffen.

Gott möge euch beiden so
wie heut,
in eurem ganzen Leben,
Gesundheit, Fried und
Einigkeit
und Wein und Braten
geben,
in Glück und Unglück
frohen Mut
und immer volle Fässer!
Denn volle Fässer sind
sehr gut;
Zufriedenheit ist besser!

Johann Heinrich Voss

Geschenke erhalten die Freundschaft

Manche Paare lassen sich nicht nur beschenken, sondern überraschen ihrerseits die Gäste mit einem kleinen Dankeschön.

Geschenke vom Brautpaar
Wollen Sie dieser Sitte folgen, könnten Sie beispielsweise jedem Gast einen kleinen Rosmarinstock, die traditionelle Hochzeitspflanze, an seinen Platz stellen.

Ein Geschenk mit Tradition sind auch die drei Hochzeitsmandeln, die Glück, Liebe und Fruchtbarkeit symbolisieren. Dekorativ verpackt in Tüll oder in einer kleinen Pappbonbonniere sind sie eine nette Aufmerksamkeit für Ihre Gäste. Auch Glücksbringer wie kleine Schornsteinfeger oder Marzipanschweinchen sind beliebt.

Spezielle Versandhandel bieten Brautpaaren solche Geschenke zusammen mit einer persönlichen Danksagungskarte an. Die Auswahl reicht von den Hochzeitsmandeln über Liebestee, Glückspfennigen, Wedding Bubbles, Blumensamen für »Brennende

Unser Tipp

Nehmen Kinder an der Hochzeit teil, können die Brautleute ihnen ein kleines, altersgerechtes Spielzeug an den Platz stellen. Das freut nicht nur die Kinder, denn die Kids sind damit eine Zeit lang beschäftigt. Ein kleines Päckchen mit Playmobil- oder Lego-Elementen kommt fast immer gut an und fällt preislich bei den ohnehin hohen Ausgaben kaum ins Gewicht.

So war es damals

Darlehen für die Brautleut
Bei dörflichen Hochzeiten wurde früher oft nur Geld geschenkt. Die Höhe hing vom Verwandtschaftsgrad ab. Die Geldgeschenke wurden in eine Schüssel gelegt, die vor dem Paar auf dem Ehrentisch stand. Der Betrag wurde genau notiert. Solche Geldgeschenke waren damals eine Art zinsloses Darlehen und wurden bei einer Hochzeit in der Familie des Schenkenden in gleicher Höhe zurückgegeben. So hatten die jungen Brautpaare eine Starthilfe für das gemeinsame Leben. Geldangelegenheiten wurden früher viel unbefangener gehandhabt als heute. Bei Bauernhochzeiten bezahlten die Gäste beispielsweise ein Mahlgeld und beteiligten sich so an den Kosten für das Festessen. Wenn eine Hochzeitsfeier Ihre finanziellen Möglichkeiten übersteigt, laden Sie doch auch einfach zu einer »nostalgischen Zahlhochzeit« ein, bei der jeder Gast eine bestimmte Summe zum Essen beiträgt.

Liebe« bis zu luxuriösen Fotoalben. Natürlich alles hochzeitsgerecht verpackt.

Das Überreichen der Gastgeschenke wird unterschiedlich gehandhabt. Manche nutzen bereits den Polterabend, um dem Brautpaar ihr Geschenk zu geben, andere bringen es zur weltlichen Feier mit. Bekannte und Nachbarn geben es auch gern vor oder nach der Hochzeit beim Brautpaar selbst oder deren Eltern ab.

Nur vor oder nach der standesamtlichen oder kirchlichen Trauung sollten Sie Ihr Geschenk auf keinen Fall überreichen: Hier hat das Brautpaar buchstäblich keine Hand frei.

Die Schenkenden sollten daran denken, dem Präsent eine Karte beizulegen. Sonst weiß das Brautpaar später nicht mehr, was von wem ist. Auf Geschenken ohne Karte sollte deshalb unbedingt der Name des Gebers vermerkt werden. Praktisch sind vorbereitete Aufkleber. Es wäre von Vorteil, wenn jemand, der möglichst viele Gäste mit Namen kennt, das ohnehin gestresste Brautpaar darin entlastet. Und um diese Aufgabe zu erleichtern, sollte ein großer Geschenktisch bereitstehen.

Viele Brautpaare nehmen die Geschenke lieber ungeöffnet mit nach Hause, um sie in Ruhe auszupacken. Auch Sie sollten sich eine Liste anlegen, auf der genau aufgeführt ist, wer Ihnen welches Geschenk gemacht hat. Sonst bedanken Sie sich womöglich bei Tante Lisa für den Toaster, obwohl sie doch die teure Mikrowelle geschenkt hat.

Bei manchen Hochzeiten werden die Geschenke während der Feier ausgepackt und allen gezeigt. Gibt es einen Hochzeitslader, so bedenkt er jeden Spender mit mundartlichen Versen *(siehe »Hochzeitslader«, S. 84f.).*

Kleinere Geschenke für die Gäste lassen sich gleichzeitig als hübsche Tischdekoration verwenden, beispielsweise als Farbakzente in einer Blättergirlande.

Zwei Herzen ...

... im Dreivierteltakt

Nach dem Gaumenschmaus wird der gesellige Teil der Feier mit dem Walzer des Brautpaars eröffnet. Und Tanzspiele fördern das gegenseitige Kennenlernen.

Die meisten Paare haben Gefallen am Brautwalzer. Falls auch Sie auf Ihrer Hochzeit gern tanzen möchten, es aber nicht so richtig können, besuchen Sie doch vorher noch einen Tanzkurs. Manche Tanzschulen bieten spezielle Tanzkurse für Brautpaare an, in denen natürlich besonderer Wert auf das Erlernen des Walzers gelegt wird.

Falls dieser Brauch jedoch überhaupt nicht Ihrem Geschmack entspricht, können Sie getrost darauf verzichten. Sprechen Sie es nur vorher mit dem Bandleader ab, sonst ertönt der Walzer automatisch.

Tanzspiele

Bei Hochzeiten kommen nicht nur die üblichen Standardtänze zum Einsatz, meist fordern Brautpaar und Musiker auch zu Tanzspielen und Scherztänzen auf. Mit solchen Eisbrechern können selbst Tanzmuffel aktiviert werden. Allerdings müssen Sie auch respektieren, dass Tanzspiele nicht jedermanns Sache sind. Wer partout nicht mitmachen will, sollte nicht dazu gezwungen werden.

Aus der Reihe der Tanzspiele ist die **Polonaise** nicht wegzudenken. Sie hat sowohl zum Auftakt als auch zum Abschluss der Hochzeitsfeier Tradition. Zu flotter Musik wird der zur Verfügung stehende Raum durchquert. Häufig werden der Menschenschlange kleine Hindernisse in den Weg gestellt, die es zu überspringen gilt. Doch gerade bei einer Hochzeit sollte mit Rücksicht auf lange Kleider und das oftmals hohe Alter mancher Gäste auf Hindernisse verzichtet werden.

Mit dem **Schneeballtanz** werden nach und nach alle Gäste auf die Tanzfläche geholt. Ein Paar beginnt und tanzt, bis die Musik stoppt. Dann trennt sich das Paar und jeder holt sich einen neuen Partner auf die Tanzfläche. Wieder wird bis zum nächsten Musikstopp getanzt, bei dem sich jeder einen neuen Tanzpartner aussucht. So wird die Zahl der Tanzenden in jeder Runde verdoppelt, bis schließlich die komplette Hochzeitsgesellschaft tanzt.

Für den **Schikanentanz** wird ein Tanzmeister benötigt, der den Tanzenden die notwendigen Kommandos gibt. Am besten übernimmt einer der Musiker diese Rolle, denn mit einem Mikrophon ausgestattet kann er sich auch bei einer großen Gesellschaft Gehör verschaffen. Was der Tanzmeister befiehlt, muss gemacht werden. Die Kommandos sind seiner Phantasie überlassen: Alle müssen auf einem Bein tanzen, die Herren müssen beide Arme in die Luft strecken, die Damen müssen beim Tanzen in die Knie gehen, die Tanzpartner müssen die Stirn gegeneinander drücken usw.

Altbekannt ist der **Abklatschtanz**. Jeder kann ein Tanzpaar durch Händeklatschen trennen und mit einem der Partner weitertanzen. Der/die freigewordene Herr/Dame holt sich bei einem anderen Paar wiederum durch Abklatschen einen neuen Partner.

Zum **Luftballontanz** benötigt man so viele Luftballons wie Paare teilnehmen. Jedes Paar muss versuchen, von Stirn zu Stirn einen Luftballon zwischen sich zu fixieren. Wem der Luftballon entgleitet, scheidet aus. Siegerpaar werden die beiden Tanzenden, die ihren Luftballon am längsten halten. Statt eines Luftballons kann auch eine Orange genommen werden.

Beim **Zeitungstanz** bekommt jedes Paar die Doppelseite einer Zeitung. Ab sofort darf das Paar nur noch auf dieser Unterlage tanzen. Bei jedem Musikstopp muss die Zeitung einmal zusammengefaltet werden. So wird die Tanzfläche immer kleiner. Wer über den Rand tritt, scheidet aus. Je weiter der Tanz fortschreitet, desto mehr Geschicklichkeit ist gefragt. Das Paar, das am längsten durchhält, siegt.

Der Gugelhupftanz aus der Steiermark

Alle Brautjungfern tragen eine Mütze im Aussehen eines Gugelhupfes. Darauf sind Kerzen gesteckt, die zu Beginn des Tanzes angezündet werden. Nun müssen die Brautjungfern solange tanzen, bis die Kerzen heruntergebrannt sind. So sollen die Mächte der Finsternis vertrieben werden, die es besonders in der Hochzeitsnacht auf das Brautpaar abgesehen haben.

It's Showtime!

Jetzt sind die Gäste dran

Die Tanzfläche wird zur Kleinkunstbühne, wenn Freunde und Verwandte mit ihren Darbietungen für Unterhaltung sorgen und dem Brautpaar so ihre Sympathie bekunden.

Darbietungen der Gäste gehören zur Hochzeitsfeier einfach dazu, allerdings sollten es nicht zu viele sein. Bleibt vor lauter Programm keine Zeit mehr zum Tanzen oder Reden, sind Brautpaar und Hochzeitsgesellschaft schnell genervt. Ein Freund oder eine Freundin des Brautpaares sollte die Leitung übernehmen und die einzelnen Beiträge koordinieren.

Stars auf Bühne und Leinwand

Zu keinem anderen Familienfest wird so viel gedichtet wie zur Hochzeit. Talentierte Gäste schreiben ihre eigenen Gedichte auf das Brautpaar und tragen sie natürlich selbst vor. Aber man kann auch bekannte Gedichte passend umdichten.

Gern wird auch der Text eines allgemein bekannten Liedes umgeschrieben. Das Lied sollte eine einfache, aber eingängige Melodie haben. Noten und Text werden vor der Hochzeit vervielfältigt und an alle Gäste ausgeteilt, um es dem Paar mit großem Ensemble vortragen zu können.

Diashow Zu den beliebtesten Vorführungen der Hochzeitsgäste gehören Diashows über den Werdegang des Brautpaares. Hierfür müssen natürlich die Eltern oder Geschwister der Brautleute eingeweiht werden, damit man auch an frühe Kinderfotos herankommt. Mit einer guten Kamera und einem Stativ werden die Fotos mit einem Diafilm abfotografiert. Dabei sollten Braut und Bräutigam etwa gleich viel Fotos gewidmet sein, auch wenn die Macher der Diashow eigentlich nur mit der Braut befreundet sind.

Mit lustigen Kommentaren versehen werden die Dias dann vorgeführt. Viele Pointen garantieren die Aufmerksamkeit der Zuhörer. Dabei darf das Brautpaar mit dem nötigen Feingefühl auch getrost ein wenig aufgezogen werden. Fotos mit verflossenen Partnern kommen auf einer Hochzeit verständlicherweise weniger gut an.

Videofilm Hobbyfilmer mit viel Zeit können das Brautpaar mit einem selbst gedrehten Film überraschen, auf dem die Stätten der Vergangenheit und Gegenwart aufgenommen werden: Geburtshaus, Kindergarten, Schule, Arbeitsplatz, Stammkneipe usw.

Natürlich wird alles ebenfalls humorvoll kommentiert und mit Interviews aufgelockert. Erinnert sich an der alten Schule vielleicht noch ein Lehrer an die Braut? Was sagt der Chef des Bräutigams zur Hochzeit? Hat der Kneipenwirt ein paar lustige Anekdoten über das Brautpaar auf Lager? Und vielleicht berichtet sogar die Verkäuferin in der Braut-Boutique recht aufschlussreich über den Ablauf des Kleiderkaufs.

Brautpaar im Test

Auf vielen Hochzeiten bereiten die Gäste Spiele vor, die klären sollen, wie gut sich die Partner kennen.

Ehequiz Die Braut muss kurze Zeit den Raum verlassen oder bekommt über Kopfhörer Musik vorgespielt, so dass sie die Fragen des Quizmasters und die Antworten des Partners nicht hören kann. Die Auswahl der Fragen an den Bräutigam ist schier unendlich:
Was ist die Lieblingsfarbe der Partnerin?
Welche Schuhgröße hat sie?
Was ist ihr größter Wunsch?
Welches Tier wäre der Bräutigam gern?
Welche Musik liebt die Braut am meisten?
Welche Person würde man selbst oder die Braut gern sein?
Wie heißt das Traumreiseziel?
Was stört den Mann an seiner Frischvermählten besonders?

Anschließend wird die Braut hereingebeten und die selben Fragen werden noch einmal gestellt. Nun muss sie sagen, was der Bräutigam ihrer Meinung nach geantwortet hat.

In der Kürze liegt die Würze – das gilt auch für Darbietungen. Muten Sie den anderen Gästen nicht zu, wegen einer allzu ausschweifenden Filmvorführung ewig im Finsteren zu sitzen oder über einen langen Zeitraum den monotonen Hell-Dunkel-Wechsel während einer Diashow zu ertragen.

Die richtigen Antworten werden gezählt.

Jetzt verlässt der Bräutigam den Raum, und die Braut bekommt eine entsprechende Anzahl ähnlicher Fragen gestellt. Daraufhin muss der Bräutigam der Hochzeitsgesellschaft sagen, was seine Frau vermutlich geantwortet hat.

Wer von beiden kann die meisten richtigen Antworten auf seinem Konto verbuchen? Der Verlierer wird von der Hochzeitsgesellschaft offiziell dazu verdonnert, im ersten Ehemonat den Putzdienst zu übernehmen.

In der Ehe pflegt gewöhnlich einer der Dumme zu sein. Heiraten zwei Dumme, so mag es glücken.
Kurt Tucholsky

Die Frau ist das Kamel, das uns hilft, die Wüste des Lebens zu durchqueren.
Ben Gurion

Auch in der besten Frau steckt noch eine Teufelsrippe.
Rumänisches Sprichwort

Wer führt den Haushalt besser?
Bei diesem Wettspiel zwischen den Brautleuten werden die hausfraulichen bzw. hausmännlichen Fähigkeiten auf den Prüfstand gestellt. Beide müssen bügeln, Hemden zusammenlegen, Kartoffeln schälen, Gläser abtrocknen usw. Wer erledigt seine Aufgaben schneller?

Ist den Gästen von vornherein klar, dass die Frau dieses Spiel gewinnen wird, kann das Spiel zur allgemeinen Belustigung auch ein bisschen gemeiner gestaltet werden: Zwischen die Brautleute wird ein Paravent oder ein anderer Sichtschutz gestellt. Hauptsache, die beiden können nicht sehen, was der andere gerade macht.

Nun muss die Frau vier dicke Kartoffeln schälen, der Mann dagegen nur eine kleine. Sie muss ein großes Laken bügeln, er ein Taschentuch. Sie muss ein Smokinghemd falten, er ein Gästehandtuch. Natürlich wird immer der Mann gewinnen, was die Zuschauer auch lautstark verkünden. Die Braut, die nichts von den unfairen Bedingungen weiß, wird sich immer mehr ins Zeug legen und wie der Hase beim Wettlauf mit dem Igel die Welt nicht mehr verstehen. Aber auch das Gesicht des Mannes, der ja nichts von seiner Bevorzugung weiß, ist meist einen Lacher wert.

Ist der Mann bekanntermaßen besser und schneller bei der Hausarbeit, bekommt selbstverständlich er die Rolle des Genasführten.

Was steht in der Hochzeitszeitung?

Ein großer Spaß für Brautleute und Gäste ist die Hochzeitszeitung. Redakteure sind Freunde und Verwandte des Brautpaares. Auch eine kleine Zeitung herauszugeben ist viel Arbeit, deshalb sollten Sie rechtzeitig mit Ihrem Vorhaben beginnen. Die Hilfe von Eltern und Geschwistern des Brautpaares ist da meist unerlässlich.

Zuerst müssen Sie Material über das Paar sammeln: Anekdoten aus ihrem Leben, Fotos von der Babyzeit bis heute, alte Schulzeugnisse, selbst gemalte Bilder aus der Kindheit usw. Vielleicht haben die Mütter auch ein paar lustige Äußerungen aus der Kleinkindzeit aufgeschrieben. Zusätzlich werden aus Zeitschriften und Zeitungen Bilder, Überschriften, Horoskope, Anzeigen, Witze und Gedichte zum Thema Liebe, Hochzeit und Ehe ausgeschnitten. Daraus lassen sich amüsante Collagen montieren.

Ist genügend zusammengetragen, können Sie sich endlich an die eigentliche Arbeit machen. Möglichst genau werden die Lebensläufe der Brautleute nachvollzogen, mit Geschichten aus ihrem Leben und mit Fotos illustriert. Ein Artikel über das Kennenlernen des Brautpaares darf auf keinen Fall fehlen. Natürlich sollte er ein bisschen peppig aufgemacht sein, vielleicht in Form einer Sensationsmeldung oder einer Liebesgeschichte.

Wie in die Tageszeitung der Wetterbericht, so gehört in die Hochzeitszeitung ein **Ehestandsbarometer:**

Folgt der Mann hübsch seiner Frau, ist der Ehehimmel
blau

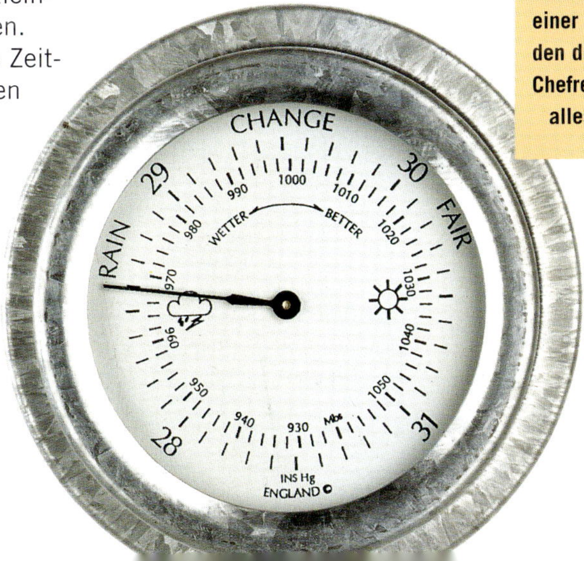

Unser Tipp

Sobald die Redakteure feststehen, treffen sie sich zu einer ersten Besprechung, in der sämtliche Organisationspunkte geklärt werden, wie die Aufgabenverteilung, die Absprache der Termine und die Kalkulation der Kosten. Auch die Gestaltung der Zeitung, Format und Umfang sollten beizeiten festgelegt werden. Am besten übernimmt einer der Mitwirkenden die Rolle des Chefredakteurs, der alles koordiniert.

Jeder Hochzeitsgast erhält selbstverständlich sein persönliches Zeitungsexemplar. Damit es ein ansehnliches Blatt ergibt, werden alle fotokopierten Seiten miteinander verbunden. Im Copyshop berät man Sie, welche Bindetechnik für Ihren Zweck am sinnvollsten ist.

Geht er schnell auf alles ein,
glänzt im Haus der
Sonnenschein

Ist er gut und auch kein Streiter, gibt er nach, so bleibt es
heiter

Wenn er fort vom Hause blieb
abends spät, wird's sehr bald
trüb

Widerspricht er mal verwegen,
folgt sofort ein Tränen-
Regen

Will er sich die Kehle feuchten, gibt's ein starkes
Wetterleuchten

Für des Weibes Fehler blind
muss er sein, sonst gibt es
Wind

Sollt er nicht gehorchen wollen, hört man dumpfes
Donnerrollen

Und die Nachbarn gleich
daneben hören bang die
Erde beben

Nun zu End ist die Geschicht,
denn tiefer sinkt's Quecksilber
nicht.

Liedertexte werden auf das Brautpaar zugeschnitten umgedichtet. Wählen Sie eine bekannte Melodie und tragen Sie das Lied mit allen Gästen bei der Hochzeit vor.
Auch selbst verfasste Reime und Zeichnungen gehören natürlich in die Zeitung.

Interviews mit dem Brautpaar oder den Eltern sind immer eine Seite wert. Vielleicht können Sie auch einen ehemaligen Lehrer der Braut oder des Bräutigams interviewen. Auch einen selbst gezeichneten Familienstammbaum können Sie mit Hilfe der Eltern erstellen. Und eine Liste der eingeladenen Gäste ist für alle eine gute Erinnerungshilfe an einen hoffentlich schönen Tag.

Vergessen Sie aber nicht, dass diese Zeitung dem Brautpaar Freude machen soll. Der Rah-

Verloren
habe ich auf dem Weg zum Standesamt meinen Familiennamen. Der ehrliche Finder wird gebeten, ihn zu den Akten des 20. Jahrhunderts zu legen.
Die Braut

men des guten Geschmacks sollte nicht zugunsten einer Pointe gesprengt werden.

Pressebericht
Wie erst jetzt unserer Zeitung gemeldet, ereignete sich am Abend des 16. August 1993 in der Gaststätte »Adler« ein furchtbares Verbrechen. Der damals 20-jährige Thomas W. bombadierte die damals 19-jährige Kerstin F. mit feurigen Blicken und setzte so ihr Herz in Flammen. Doch statt der bereits Schwerverletzten zu helfen, sahen die übrigen Gäste untätig zu, wie Thomas W. ihr vollends den Kopf verdrehte. Zeugen berichten, dass er sie daraufhin mit Küssen betäubte und entführte.

Thomas W. wurde am 16. April 1998 vom Standesbeamten Röhrich zu lebenslanger Haft ohne Bewährung verurteilt. Er hat die Kosten des Prozesses zu tragen und muss für eventuelle Spätfolgen aufkommen.

Eine **Rätselseite** erfordert von den Zeitungsmachern zwar ein bisschen Kopfzerbrechen, ist aber ein Riesenspaß für Brautpaar und

Ausgebrochen
aus dem Zoo ist ein Klapperstorch. Er nahm Kurs nach (Wohnort des Brautpaares). Die Bevölkerung wird gebeten, ihn ungehindert passieren zu lassen.

Gäste. Die Fragen beziehen sich natürlich alle auf Braut und/oder Bräutigam.
Sie können ein Kreuzworträtsel entwerfen, aber bedeutend einfacher ist es, wenn nur waagerecht eingetragen wird, und es keine Überschneidungen gen

Eine bleibende Erinnerung an die Hochzeit, an der vor allem auch Kinder später ihre Freude haben, ist die Hochzeitszeitung.

geben muss. Sind alle Antworten richtig, ergibt sich ein Lösungswort.

Ein paar Anregungen für die Rätselaufgaben:

1. Wie wurde der Bräutigam als Kind genannt?
2. Was spielte die Braut besonders gern?
3. In welcher Stadt studierte die Braut im ersten Semester?
4. Wo lernten die beiden sich kennen?
5. Was war ihr erstes gemeinsames Urlaubsziel?
6. Welches Obst mag der Bräutigam überhaupt nicht?
7. Was ist seine zweite große Leidenschaft?
8. Womit verbringt die Braut ihre Freizeit am liebsten?

10 Gebote der Ehe
Ihr sollt stets 1 sein.
Ihr sollt euch nicht ent-2-en.
Ihr sollt euch stets 3 bleiben
und euch immer gut 4en.
Ihr sollt auch mal 5 gerade
sein lassen
und eure 6er zusammenhalten.
Ihr sollt eure 7 Sachen
in 8 nehmen.
Ihr sollt nicht immer 9 sagen
und euch nie die 10e zeigen.
Volksgut

Liebe ist das Einzige, was wächst, indem wir es verschwenden.
Ricarda Huch

Es gibt Verlobungen, die gut enden –, die meisten führen jedoch zur Ehe.
Volksmund

Die Liebe ist gar lieblicher Dunst, doch in der Ehe, da steckt die Kunst.
Theodor Storm

● **Brandkatastrophe**
Der vor drei Jahren ausgebrochene Brand im Herz von (Name von Braut oder Bräutigam) ist noch nicht unter Kontrolle. Nach Angaben der Feuerwehr sieht man derzeit keine Möglichkeit, den Brand zu löschen.

Zum Schluss darf natürlich das **Impressum** nicht fehlen. Es kann wie bei einer echten Zeitung die Namen der MitarbeiterInnen auflisten oder ein absurdes Impressum sein und sich an folgendem Beispiel orientieren:

Redaktion: Spitze Zungen GmbH (Gesellschaft mit besonderen Hintergedanken)
Verleger: ist jeder, der die Zeitung nicht findet
Verantwortung: lehnt die Redaktion ab
Druck: wurde auf die Redakteure nicht ausgeübt
Anzeigen: wird uns hoffentlich keiner
Preise: haben wir noch nicht bekommen

Der Inhalt dieser Zeitung ist nicht frei erfunden. Eventuelle Ähnlichkeiten mit lebenden Personen sind durchaus beabsichtigt.

Eine Brautentführung inszenieren

Traditionell sind die Freunde des Bräutigams die Entführer, aber natürlich kann auch jeder andere Hochzeitsgast die Entführung inszenieren.

Der Bräutigam wird abgelenkt, und die Braut zieht mit den Entführern los. Als Verstecke werden Orte und Plätze gewählt, die möglichst einen Bezug zum Brautpaar haben und die auch der Bräutigam kennt. In der Regel sind das Kneipen, denn natürlich möchten die Entführer nicht auf dem Trockenen sitzen. Die Zeche hat nämlich der Bräutigam zu zahlen. Der muss auf der Suche nach seiner frisch Angetrauten den Brautstrauß mitnehmen, denn nur damit kann er sie auslösen.
Natürlich sollte der Bräutigam Hinweise bekommen, wo er seine Frau wiederfindet. In der Regel wird er von einem Eingeweihten begleitet, der ihn mit kleinen Andeutungen auf die richtige Spur bringt.

Die Brautentführung sollte nicht länger als eine Stunde dauern, denn diese Aktion kann die Stimmung unter den wartenden Hochzeitsgästen leicht trüben. Auch der Zeitpunkt der Brautentführung

Raue Sitten

Forscher gehen davon aus, dass die Brautentführung auf die Raubehe zurückgeht. Das wohl bekannteste Beispiel ist der Raub der Sabinerinnen. Der Sage nach behoben die Römer ihren Frauenmangel kurzerhand dadurch, dass sie während eines Festes die Frauen der Sabiner raubten.

Mit Nicolas Poussins »Raub der Sabinerinnen« von 1655 ist eine Brautentführung, wie sie heute praktiziert wird, wohl kaum zu vergleichen.

sollte wohl überlegt werden. Natürlich können Sie die Braut nicht während des Hochzeitsessens und auch nicht vor dem Brauttanz oder während der Gästevorführungen entführen. Hat sich bei einer langen Feier die Gesellschaft nach dem Kaffeetrinken sowieso teilweise aufgelöst, weil viele Gäste die Gelegenheit für einen Spaziergang nutzen, ist das sicher der geeignete Moment.

Alternativ können die Freundinnen der Braut den Bräutigam entführen. Dann macht sich die Braut auf die Suche nach ihrem Liebsten und zahlt natürlich die Zeche.

Rituale um den Brautschuh

Auch der Brautschuh ist Gegenstand von Unterhaltung und Brauchtum. Am Anfang steht ein Raub: Einer der Gäste muss unauffällig unter den Tisch kriechen und der Braut einen Schuh ausziehen. Der Schuh wird mit Blumen geschmückt und ein Glas Rotwein hineingestellt. Gemeinsam muss das Brautpaar den Wein austrinken, was den Zusammenhalt fördern und Gesundheit garantieren soll.

Ein alter Brauch ist die Versteigerung des Brautschuhs.

Viele der Hochzeitsrituale und -bräuche konzentrieren sich auf die Accessoires der Braut. Ihrem Schleier, den Schuhen und dem Brautstrauß scheint eine geheimnisvolle Kraft anzuhaften, von der alle Gäste profitieren wollen.

Jemand spielt den Auktionator und leitet die Versteigerung. Ein Gast gibt das erste Gebot ab und legt den Betrag in den Schuh. Dann wird weiter gesteigert. Der nächste Bieter zahlt immer den Differenzbetrag zum vorherigen Gebot. Letzter Bieter sollte der Bräutigam sein. So bekommt die Braut ihren Schuh zurück. Eine Variante sieht vor, dass der Bräutigam den Schuh vom letzten Bieter wieder auslösen muss, indem er die gleiche Summe zahlt, die bei der Versteigerung erzielt wurde. Den Gesamtbetrag erhält die Braut als erstes Haushaltsgeld.

Versteigern und verlosen

Aus Frankreich stammt der Brauch, das Strumpfband zu versteigern. Der Ablauf ist identisch mit der Versteigerung des Brautschuhs (s. o.). Allerdings wird das Strumpfband nicht geraubt, sondern die Braut zieht den Strumpf vor den Augen der Gäste aus.

Gern wird gegen Ende einer Hochzeit eine Verlosung veranstaltet, die Gäste schon im Vorfeld vorbereitet haben. Wie bei jeder echten Verlosung gibt es Nieten und Gewinne. Die Gewinne versprechen dem Brautpaar eine Überraschung, bereitet von demjenigen, der das entsprechende Los gezogen hat: das kann das Waschen des Autos, ein Eisessen oder eine Bootspartie sein. Die wahren Gewinner sind also in jedem Fall die frisch getrauten Eheleute. Will ein Gast partout nicht an der Verlosung teilnehmen, sollte er nicht dazu überredet werden.

Sternenregen

Eine wunderschöne Überraschung für alle Anwesenden ist die Inszenierung eines Feuerwerks zu später Stunde. Da Feuerwerkskörper außer zu Silvester im normalen Handel nicht erhältlich sind, müssen Sie sich an professionelle Anbieter wenden. Adressen finden Sie in den Gelben Seiten oder im Internet. Geboten werden nicht nur einfaches Abknallen von Raketen und Leuchtkörpern, sondern ausgefallene pyrotechnische Events im In- & Outdoor-Bereich.

Ihr seid nun eins, ihr beide,
und wir sind mit euch eins.
Trinkt auf der Freude Dauer
ein Glas des guten Weins!

Und bleibt zu allen Zeiten
einander zugekehrt,
durch Streit und Zwietracht
werde
nie euer Bund gestört.

Johann Wolfgang von Goethe

Schleiertanz …

… und Hochzeitsnacht

Jedes Fest geht mal zu Ende – warum also nicht mit einem schönen Brauch? Und die Überraschungen machen selbst vor der Schlafzimmertür nicht Halt.

Wenn es am schönsten ist und die Hochzeitsgesellschaft sich nicht trennen mag, tröstet vielleicht die Klärung der Frage, bei wem man sich demnächst zum Feiern trifft.

Wer wird die Nächste sein?

Nach einer alten Tradition wird der Brautschleier zum Abschluss der Hochzeit in Stücke gerissen oder geschnitten und an die weiblichen Hochzeitsgäste verteilt. Damit erhalten auch sie etwas von dem Segen, den das Brautpaar an diesem Tag in Hülle und Fülle empfangen hat.

Das Verteilen des Schleiers kann auch spielerisch mit dem **Schleiertanz** vonstatten gehen. Umringt von den unverheirateten weiblichen Hochzeitsgästen tanzt die Braut solange, bis die Musik stoppt. Dann stürzen die Mädchen und Frauen vor und versuchen ein Stück des Schleiers zu bekommen. Wer den größten Fetzen erwischt, wird die Nächste Braut. Als Braut sollten Sie unbedingt darauf achten, dass alle Haarklammern gelöst und der Schleier nur noch lose auf Ihrem Haar sitzt, sonst wird es schmerzhaft. Falls Sie Ihren Schleier zur Erinnerung behalten möchten, besorgen Sie sich für den Schleiertanz einen preiswerten Ersatzschleier.

Auch mit dem Werfen des Brautstraußes soll die Frage nach der nächsten Braut geklärt werden. Die ledigen Frauen stellen sich hinter der Braut auf, die ihnen den Brautstrauß über die Schulter zuwirft. Wer ihn fängt, heiratet als Nächste. Falls Sie sich

nicht von Ihrem Brautstrauß trennen möchten oder schon nach der Kirche einen Strauß werfen möchten, kaufen Sie einfach einen zweiten nur für diesen Zweck.

All diese Bräuche stammen aus einer Zeit, als eine Heirat als höchstes weibliches Ideal galt. Heute muss man damit rechnen, dass sich die ledigen Frauen bei der Ergatterung des Hochzeitsschleiers oder Brautstraußes sehr zurückhaltend geben.

Die Braut kommt unter die Haube Einst war es Vorschrift, dass verheiratete Frauen ihr Haar nicht mehr offen tragen durften. Es wurden geflochten, um den Kopf gelegt und mit einer Haube bedeckt. Daher stammt der Begriff »unter die Haube kommen«.

Kurz nach Mitternacht findet traditionell die Kranzabnahme statt. Vor der Zeit ausgeübt, könnte der Brauch dem Aberglauben nach dem Ehepaar Unglück bringen.

Aus Nord- und Mitteldeutschland stammt der Brauch, dass die Brautjungfern einen Kreis um die Braut bilden. Der Braut werden die Augen verbunden, und im Reigen tanzen die Brautjungfern um sie herum und singen dazu das Lied »Wir winden dir den Jungfernkranz« (s. S. 110). Die Braut muss versuchen, eine der Tanzenden zu fassen. Diese wird als Nächste heiraten.

Als Alternative hält die Braut, wieder mit verbundenen Augen, den Kranz in ihren Händen. Die unverheirateten Mädchen tanzen im Kreis um sie herum. Die Braut versucht, den Jungfernkranz einem Mädchen auf das Haar zu drücken. Die Betreffende wird im nächsten Jahr heiraten.

Der Ehrentanz der Braut ist ebenfalls ein alter Brauch. Bevor das Brautpaar das Fest verlässt, tanzt die Braut reihum mit allen Männern der alten und neuen Verwandtschaft. Dieser Tanz symbolisiert auch die Aufnahme der Braut in die neue Verwandtschaft. Natürlich kann man diesen Brauch dahin erweitern, dass der Bräutigam mit allen weiblichen Verwandten aus beiden Familien tanzt.

Oft wurde dieser Tanz um drei brennende Kerzen getanzt, die

Unser Tipp

Wie im Flug scheint am Hochzeitstag die Zeit zu vergehen. Und schnell wird danach alles zur Routine. Schauen Sie sich deshalb im Laufe Ihrer Ehe hin und wieder Ihren Trauspruch an. Das Motto Ihrer Liebe gerät sonst im Ehealltag allzu leicht in Vergessenheit.

entweder auf dem Boden standen oder von den Brautjungfern gehalten wurden. Die Tanzenden müssen darauf achten, dass kein Kerzenlicht erlöscht, sonst droht der Ehe Unglück.

Aus Norddeutschland stammt der Brauch, den Hochzeitstag mit einer Polonaise zu beenden. Nach einer schwungvollen Melodie ziehen die Gäste durch das ganze Haus. Oft wurde der »Kehraus« im wahrsten Sinne des Wortes vollzogen, indem die Gäste tatsächlich mit dem Besen ausgekehrt wurden.

Und in Dörfern war es durchaus üblich, dass alle Gäste das Brautpaar nach Hause begleiteten, sogar bis in die Schlafkammer.

Wir winden dir den Jungfernkranz

Wir winden dir den Jungfernkranz
mit veilchenblauer Seide;
wir führen dich zu Spiel und Tanz,
zu Glück und Liebesfreude!

Schöner, grüner Jungfernkranz! Veilchenblaue Seide!

Lavendel, Myrt und Thymian,
das wächst in meinem Garten.
Wie lang bleibt doch der Freiersmann?
Ich kann es kaum erwarten.
(Refrain)

Sie hat gesponnen sieben Jahr
den goldnen Flachs am Rocken,
die Schleier sind wie Spinnweb klar
und grün der Kranz der Locken.
(Refrain)

Und als der schmucke Freier kam,
war'n sieben Jahr verronnen;
und weil sie der Herzliebste nahm,
hat sie den Kranz gewonnen.
(Refrain)

Text: Friedrich Kind, vertont von Carl Maria von Weber in »Der Freischütz«

Eine Nacht voll Überraschungen

Wenn die Hochzeitsfeier vorbei ist, bedeutet das längst nicht, dass Sie als Brautpaar vor weiteren Überraschungen sicher sind. Oft scheuen Freunde, Geschwister und Kollegen keine Mühe, dem Brautpaar die Hochzeitsnacht zu verleiden: Türklinken werden mit Zahnpasta oder Leim beschmiert, die Toilette verstopft oder Wassergläser auf der Türkante plaziert und Duschköpfe mit Brühwürfeln präpariert – da wird manche Freundschaft auf eine harte Probe gestellt.

Oft werden den Brautleuten Erbsen und Reis unter das Laken geschoben, so merken die Frischvermählten beizeiten, dass es in einer Ehe durchaus holprig zugehen kann.

Akzeptabler sind ein Bett voll Luftballons und die Lippenstiftherzen auf dem Badezimmerspiegel. Und richtig nett sind Überraschungen wie ein mit Herz-Luftballons geschmücktes Schlafzimmer und eine Flasche Sekt oder Champagner im Kühler.

- **Storch und große Wäsche,** ein hübscher Brauch der Nachbarn: Vor dem Haus des Brautpaares wird eine Wäscheleine mit Babysachen quer über die Straße gespannt und ein Holzstorch auf einem Laternenmast oder dem Hausdach platziert. Jeder weiß dann: Hier wurde geheiratet! Und es ist eine unverblümte Aufforderung, in Sachen Kindersegen aktiv zu werden.

- **Die Morgengabe**
Nach dem Vollzug der Ehe hatten die Frauen früher am Morgen darauf ein Anrecht auf ein Geschenk, daher die Bezeichnung »Morgengabe«. Sie diente zur wirtschaftlichen Absicherung der Frau. Allerdings bekam sie meist erst im Falle der Witwenschaft das Verfügungsrecht darüber. Sehr fortschrittlich war man in Westfalen: Bereits mit der Geburt des ersten Kindes ging die Morgengabe in den Besitz der Frau über. Starb die Frau, ging die Morgengabe zurück an den Mann bzw. an dessen Familie.

Welchen Wert die Morgengabe hatte, hing natürlich von der Vermögenslage des Ehemanns ab. Oft waren es wertvolle

»Vor die verlohrne Jungferschafft«

»Die Morgengabe ist ein ansehnliches Praesent, welches ein neuer Ehemann von Adel seiner Braut den andern Hochzeits-Tag früh Morgens nach dem ersten Beyschlaff und beschlagener Decke statt eines Lohnes und einiger Ergötzlichkeit vor die verlohrne Jungferschafft zu verehren pflegt.«

Frauenzimmerlexikon, 1715

Kelche, Münzen oder Brautgürtel aus Edelmetallen. Aber auch ganze Ländereien, Burgen und Schlösser konnten Morgengaben sein.

Und so war es früher ... Die Brautkammer und das Ehebett wurden geweiht, um böse Mächte zu vertreiben. Dämonen, die sich hier aufhielten, wurden für Unfruchtbarkeit der Frau, Störungen der männlichen Potenz, den Wochenbetttod und Totgeburten verantwortlich gemacht.

Zum Schutz wurden Weihrauchkörner oder geweihtes Salz ins Bett gelegt. Auch der Brauch, drei Stücke Brot oder Kohlen ins Ehebett zu legen, ist uns überliefert. In manchen Gegenden war es üblich, dass ein Priester oder Mönch das gerichtete Ehebett vorsorglich mit Weihwasser besprengte.

Ein Brauch, der in heutiger Zeit recht befremdlich wirkt, wurde vor allem in adeligen und wohlhabenden Familien gepflegt. Der »Brautsprung« oder das »eheliche Beilager« galt als Vollzug der Ehe und musste aus güter- und erbrechtlichen Gründen oft vor Zeugen geschehen. Dafür kamen Verwandte, meist gleich mehrere, oder die Brautmutter in Frage. Meist gab es aber nur einen symbolischen Vollzug. Der Brautvater setzte seine Tochter neben den bereits im Bett liegenden Bräutigam, legte über beide die Decke und schlug sie gleich darauf wieder zurück. Es folgten Ermahnungen an den Ehemann. Damit galt die Ehe als vollzogen.

Weit verbreitet war auch die so genannte Lakenprobe, die in

So war es damals

Alter Schabernack

Schon unsere Eltern kannten den Scherz, dass Freunde Wecker im Zimmer versteckten, die zu verschiedenen Zeiten losbimmelten. Gern wurde auch ein Huhn, Symbol der Fruchtbarkeit, in die Schlafkammer des Brautpaares gejagt. Das war durchaus als Aufforderung zu verstehen. Ob allerdings ein im wahrsten Sinne des Wortes aufgescheuchtes Huhn sehr anregend wirkte, sei dahingestellt.

Noch mehr Dämonen

Die Feier ist vorbei, das frischgebackene Ehepaar kommt nach Hause. Aber halt, nicht einfach reinspazieren! Ein alter Brauch verlangt, dass der Mann seine Braut über die Schwelle trägt. Denn unter der Türschwelle lauern bekanntermaßen besonders gern jene Dämonen, die es auf die Braut abgesehen haben.

Italien mancherorts auch heute noch üblich ist. Dafür wird das blutbefleckte Bettzeug gut sichtbar aus dem Fenster gehängt, um allen Dorfbewohnern den Beweis für die Jungfräulichkeit der Braut zu liefern.

Ein besonders widerlicher Brauch versteckte sich hinter dem *Ius primae noctis*, dem »Recht der ersten Nacht«. Grundherren hatten zur Zeit der Leibeigenschaft das Recht, die Frau eines Leibeigenen zu entjungfern.

Nichts ist trauriger als eine Frau, die sich für etwas anderes auszieht, als für die Liebe.

Juliette Gréco

Anders als noch vor hundert Jahren gilt das Herzklopfen, das eine Hochzeit begleitet, mehr dem reibungslosen Ablauf der Feier, als der bevorstehenden Hochzeitsnacht. Wer diese Nacht dennoch als etwas Besonderes erleben möchte, sollte sich frühzeitig von den Gästen verabschieden. In einem geheimgehaltenen romantischen Hotel ist man sicher vor dem Unfug der Freunde. Und die Aura des Ungewohnten wirkt erotisch beflügelnd …

Anders feiern

Hochzeitsparadiese nah und fern

Paare, die ihren »schönsten Tag im Leben« in außergewöhnlicher Umgebung verbringen oder nicht selbst organisieren möchten, haben zahlreiche Alternativen.

Der Luftkurort **Wirsberg im Frankenwald** wirbt unter dem Motto »Das Hochzeitsdorf im Grünen« um Heiratslustige. Zu allen Tages- und Nachtzeiten einschließlich Samstag und Sonntag oder Silvester stehen die Wirsberger Standesbeamten den Brautpaaren zur Verfügung. Allein wegen dieser Fülle an Trauungsterminen, die dem Ort auch den Titel »fränkischen Gretna Green« eingebracht hat, möchten immer mehr Auswärtige in Wirsberg heiraten.

Weitere Pluspunkte Wirsbergs sind die reizvolle Lage im Grünen und vielfältige Angebote für Hochzeitsarrangements. Von der Hochzeitskutsche über die Torte bis zum Brauch des Holzsägens können sich Brautleute alles ausrichten lassen. Ob Trauung bei Sonnenaufgang, Pferdehochzeit oder Hunde als besondere »Trauzeugen«: In Wirsberg gibt es (fast) nichts, was es nicht gibt.

Auch in **Bad Brückenau** können Brautpaare rund um die Uhr heiraten. Hier fand die erste Nachthochzeit in Deutschland statt. Wie wäre es mit einer Trauung im Nostalgie-Trauzimmer? Nicht umsonst gilt das Standesamt in Bad Brückenau als eines der zehn schönsten in Deutschland.

Für einen anschließenden Sektempfang oder ein Spalier wird (natürlich gegen Aufpreis) gern gesorgt. Für die Hochzeitsfeier stehen verschiedene Gasthäuser und Hotels zur Verfügung. Brautpaare, die hoch hinaus wollen, können an ihre Trauung einen Hubschrauberrundflug anschließen.

Mit dem Slogan »Entdecken Sie Ihr eigenes Märchen« wird für eine Hochzeit im **Kinzigtal**

geworben. Die Heimat der Gebrüder Grimm bietet märchenhafte Kulissen für Ihre Traumhochzeit. Ob Sie ein romantisches Schloss, eine ausgebaute Scheune mit Tenne für den Hochzeitstanz, eine mittelalterliche Burg oder eine alte Mühle wählen, bleibt Ihren Vorlieben überlassen. Standesamtliche Trauungen sind bei rechtzeitiger Buchung auch an manchen Samstagen möglich.

Als »Mekka der Hochzeiten« gilt die Mozartstadt **Salzburg**. Das Schloss Mirabell mit seinem berühmten Marmorsaal wird von vielen als schönstes Standesamt der Welt angesehen. Auf Wunsch spielen der Hausorganist oder ein Orchester beliebte Hochzeitsmelodien. Der prächtige Mirabellgarten und die Festung Hohensalzberg bieten einen passenden Rahmen für die obligatorischen Fotos. Auswärtige Gäste übergeben die Organisation der Feier am besten dem Hochzeitsservice.

Tief unter der Erde ...

Ein **Standesamt aus Salzkristallen** bietet das thüringische **Sondershausen**. Vor der Trauung geht es mit dem Paar steil bergab: Mit dem Förderkorb werden die Brautleute in das älteste noch befahrbare Bergwerk der Welt gebracht. 670 Meter unter der Erde gibt sich das Paar in der Kaligrube das Ja-Wort. Mit Kitteln, Helmen und Grubenlampen mögen sich die Mitglieder der Hochzeitsgesellschaft zunächst wie Kumpel auf dem Weg zur Schicht fühlen. Doch übt die bizarre Atmosphäre des unterirdischen Standesamtes schnell eine ungeheure Faszination aus. Kerzenschein lässt den Festsaal aus Salzkristallen erstrahlen, und der Bergmannsverein begrüßt das Brautpaar mit Musik.

... oder hoch in der Luft

Mit einem freiberuflichen Theologen an Bord ist in Deutschland auch eine Trauung **im Korb eines Heißluftballons** möglich. Schwindelfreie Paare können sich das Ja-Wort mit Gottes Segen im siebten Himmel geben. Eine standesamtliche Trauung im Heißluftballon verhindert allerdings der Amtsschimmel. Außerhalb geschlossener Räume darf in Deutschland nämlich nicht amtlich geheiratet werden. So musste im Sommer 1998 der schöne Plan

Für Bequeme

In Las Vegas kann man eine bequeme und unkonventionelle Autohochzeit feiern: Zur Trauung fährt man in eine Drive-in-Wedding Chapel, anschließend folgt das Hochzeitsmenü in einem Drive-in-Lokal.

Durchschnittlich werden für eine Hochzeit 10 000 bis 13 000 DM ausgegeben. Bei großen, professionell organisierten Hochzeiten können schnell einige Tausender mehr hinzukommen.

eines Brautpaares von einer Heirat in luftiger Höhe platzen, weil das Innenministerium »erhebliche Bedenken gegen die Bestimmung des Korbes eines Heißluftballons zum Dienstzimmer des Standesbeamten« hatte.

Extra-Tipp

Die meisten Brautpaare, die eine Hochzeit fern von zu Hause wählen, möchten auf diese Weise dem Hochzeitstrubel entkommen. Doch viele Paare, die sich unter Palmen getraut haben, empfehlen, zumindest die Trauzeugen aus der Heimat mitzunehmen: Bei einer Hochzeit ohne einen einzigen vertrauten Gratulanten und Gast fehlt einfach etwas.

Außergewöhnliches Ambiente
Es muss nicht immer ein Gasthaus sein, in dem die weltliche Hochzeitsfeier stattfindet. Für Freunde nicht nur kulinarischer, sondern auch kultureller Genüsse bietet das Herzog **Anton Ulrich Museum in Braunschweig** Feiern im Museum an. Unter einem bestimmten Motto werden Ihnen Kunstwerke und kulinarische Köstlichkeiten präsentiert. Ob Sie nun bei einem »Fest für die Götter« mit Mars und Venus und Spezialitäten aus der Antike feiern wollen oder ein Fest »Around the World« mit internationalen Spezialitäten bevorzugen, bleibt einzig und allein Ihrem Geschmack überlassen. Ein heißer Tipp für Kunstliebhaber, die ein unkonventionelles Fest anstreben!

Wer eine Feier bevorzugt, bei der die Wellen etwas höher schlagen, sollte sich eventuell für eine **Hochzeit auf dem Partyschiff** entscheiden. Bei Schifffahrtsgesellschaften können Sie so genannte Salonschiffe oder urige Frachtensegler chartern und garantiert ungestört ein rauschendes Fest feiern. Eine Brautentführung ist dabei natürlich nicht möglich, dafür aber sitzen alle Gäste in einem Boot. Neben Büffets und Gourmet-Menüs werden als Extras Tanz und Spiele, Künstler und Feuerwerk angeboten.

Unter Palmen Träumen Sie von einer Hochzeit fern der Heimat, von Sonne, Strand und blauem Meer? Diesen Traum erfüllen Ihnen Reiseveranstalter oder ein Hochzeitsservice. Sie müssen nur noch entscheiden, ob Sie Hawaii, eine Karibikinsel oder die Südsee bevorzugen. Von der Zeremonie am Strand über Trauzeugen und Musikuntermalung bis zur Unterkunft mit Honeymoon-Frühstück wird alles für Sie organisiert.

Auch sämtliche Formalitäten erledigt der Reiseveranstalter. Meist müssen Sie lediglich Ihren Pass und die Geburtsurkunde vorlegen. Manche Reiseveranstalter verlangen außerdem ein Ehefähigkeitszeugnis. Die Hochzeitsurkunden sind selbstverständlich nach Bestätigung durch den deutschen Konsul auch in Deutschland gültig.

Auskunft über die notwendigen Papiere für die Trauung im Ausland erteilt das Reisebüro, der Hochzeitsservice, eventuell Ihr örtliches Standesamt, die Botschaft des jeweiligen Landes in der BRD oder das Auswärtige Amt in Bonn.

In persönlichen Gesprächen teilen Sie Ihrem Berater Ihre Vorstellungen, Wünsche und den Kostenrahmen mit, und eine dementsprechend maßgeschneiderte Hochzeit wird für Sie arrangiert.

Nichts ist unmöglich: Hochzeitsservice

Wer eine außergewöhnliche Hochzeit feiern möchte, aber jeglichen Vorbereitungsstress scheut, sollte einen Hochzeitsservice engagieren. Er übernimmt für Sie die Organisation der kompletten Hochzeit von A (wie Animation) bis Z (wie Zeltverleih). Sie müssen nur noch »ja« sagen.

Auf Wunsch erhalten Sie auch nur Einzelleistungen: beispielsweise eine Pferdekutsche oder die Hochzeitstorte.

Dabei spielt es keine Rolle, ob Sie eine traditionelle Hochzeit mit weißem Kleid, Baumstammsägen und Kutsche oder etwas Ausgefallenes möchten. Auch eine Unterwasserhochzeit, ein Fest in historischen Kostümen, eine Hochzeit auf dem Land oder am Strand ist kein Problem.

Just married

Jetzt geht's in die Flitterwochen

Die Hochzeitsreise ist für viele Paare eindeutig das I-Tüpfelchen der Heirat. Und wenn Sie es ermöglichen können, sollten auch Sie Ihre Ehe mit einer Reise beginnen.

Eine Hochzeitsreise ist etwas ganz besonderes und bleibt sicherlich stärker in Erinnerung als andere Reisen. Beliebte Ziele für Flitterwöchner sind Palmenstrände mit Sonnengarantie. Aber auch Venedig hat für viele Paare durchaus noch seinen Reiz.

Und so war es früher ... Seit Erfindung der Pauschalreisen 1841 und dem Ausbau des Eisenbahnnetzes breitete sich der Massentourismus allmählich immer weiter aus. Reisen wurde für breite Bevölkerungsschichten erschwinglich. Zu den touristischen Innovationen gehörte auch die Hochzeitsreise, die allerdings lange ein Privileg bürgerlicher Ehepaare blieb. Bevorzugte Ziele waren Italien und die Schweiz.

● **Woran Sie rechtzeitig denken sollten:**

► Buchen Sie Ihre Reise.

► Informieren Sie sich über notwendige Schutzimpfungen.

► Erkundigen Sie sich bei Ihrer Krankenkasse, ob mit dem Zielland Ihrer Reise ein Sozialversicherungsabkommen für medizinische Behandlung besteht. Ansonsten Auslandsreisekrankenversicherung abschließen.

► Besorgen Sie Geld in der entsprechenden Währung und Reiseschecks.

► Bestellen Sie Post und Zeitung für die Dauer Ihrer Reise ab.

► Beauftragen Sie Nachbarn mit dem Blumengießen.

► Besorgen Sie, wenn nötig, Autobahnvignetten.

► Soll es direkt nach der Hochzeitsfeier losgehen, packen Sie schon zwei oder drei Tage vorher die Koffer. Am Hochzeitstag selbst ist dafür keine Zeit.

Und weil's so schön war:

Ein Leben lang Gelegenheit, Hochzeiten zu feiern

1 Jahr:	Papier- oder Baumwollhochzeit
3 Jahre:	Lederhochzeit
5 Jahre:	Holz- oder Veilchenhochzeit
6 Jahre:	Zinnhochzeit
7 Jahre:	Kupferhochzeit
8 Jahre:	Blechhochzeit
10 Jahre:	Rosenhochzeit
12 Jahre:	Nickelhochzeit
12,5 Jahre:	Petersilienhochzeit
15 Jahre:	Glas- oder Flaschenhochzeit
20 Jahre:	Porzellan- oder Chrysanthemenhochzeit
25 Jahre:	Silberhochzeit
30 Jahre:	Perlenhochzeit
35 Jahre:	Leinenhochzeit
37,5 Jahre:	Aluminiumhochzeit
40 Jahre:	Rubinhochzeit
50 Jahre:	goldene Hochzeit
60 Jahre:	diamantene oder brillantene Hochzeit
65 Jahre:	eiserne Hochzeit
70 Jahre:	steinerne Hochzeit
75 Jahre:	Gnaden- oder Kronjuwelenhochzeit

Betrübliche Aussichten

»Es ist eine bekannte Tatsache, dass die Herren der Schöpfung zu Anfang am liebenswürdigsten sind. Die meisten von ihnen werden später bequem, und manche spielen sich als Tyrannen auf. Fürs ganze Leben bleibt dann die Hochzeitsreise als Lichtpunkt in der Frau treuer Erinnerung: Wie oft spricht oder erzählt sie noch davon! Leider gibt es ja genug Frauen, bei denen die Hochzeitsreise die erste und letzte große Reise bleibt.«

Hochzeitsbuch, 1900

Nach der Feier

Auch nach der Hochzeit gibt es für das Brautpaar noch einiges zu tun. Für die Glückwünsche und Geschenke sollten Sie sich innerhalb von zwei bis vier Wochen bedanken. Falls Sie eine Hochzeitsreise machen, können Sie sich auch ein bisschen länger Zeit lassen.

Danksagungen Am persönlichsten ist natürlich eine handgeschriebene Dankkarte. Wenn Sie dafür eine Doppelkarten nehmen und sie zusätzlich mit einem Hochzeitsfoto schmücken, werden sich die meisten sicherlich sehr freuen.

Wer sich bei sehr vielen Leuten bedanken muss, kann auch Karten drucken lassen, beispielsweise:

»Für die Glückwünsche, Aufmerksamkeiten und Geschenke anlässlich unserer Hochzeit möchten wir uns herzlich bedanken.«

Wurden Sie beschenkt, sollte auch auf gedruckten Karten ein persönlicher Satz per Hand dazugeschrieben werden, etwa: *»Vielen Dank für die wunderschönen Badetücher.«* Sie zeigen damit auch, dass Sie wissen, welches Geschenk von wem ist.

Formalitäten Vielleicht haben Sie den Eindruck, alle Welt müsste längst wissen, dass Sie frisch verheiratet sind. **Unsere Checkliste auf Seite 79 hilft Ihnen,** neben der Bekanntgabe von Namens- und/oder Adressänderungen auch beim oftmals lästigen Papierkram nichts zu vergessen.

Vielleicht finden Sie Gefallen an einem alten Brauch.
Nach der Hochzeit sollte der Bräutigam einen oder auch mehrere Bäume pflanzen. Wie der Baum, so soll auch die Ehe Früchte tragen. In jüngster Zeit erfreut sich diese Tradition wieder wachsender beliebtheit. Ganz nebenbei werden mit dieser schönen Sitte die Wälder aufgeforstet, was der ganzen Gemeinde zugute kommt.
Mancherorts dürfen deshalb alle Frischvermählten des vorangegangenen Jahres im Herbst in kleinen Hochzeitswäldern ihren Hochzeitsbaum pflanzen. Die Bäume werden mit Namensschildern versehen, so dass die Paare auch nach Jahren ihren Baum wiederfinden.

Übrigens

Alle Gäste wünschen sich ganz gewiss Abzüge von den Hochzeitsfotos. Schreiben Sie deshalb auf jede Aufnahme die Film- und Negativnummer und legen Sie eine dementsprechende Liste an, in die jeder seine Fotowünsche einträgt. Das erleichtert Ihnen die Abwicklung der Nachbestellungen erheblich.

Zum Ausklang

Täglich, stündlich und minütlich
Darf man nun vereint zu zween
Arm in Arm spazierengehen!
Ja, was irgend schön und lieblich,
Segensreich und landesüblich
Und ein gutes Herz ergetzt,
Prüft, erfährt und hat man jetzt.

Wilhelm Busch

Nützliche Adressen

Hochzeitsparadiese

Bad Brückenau
Stadtverwaltung
Postfach 1120
97763 Bad Brückenau

Tel. 0 97 41/80 40

Luftkurort Wirsberg
Kurverwaltung
Postfach 1153
95340 Wirsberg

Tel. 0 92 27/93 20

Hochzeit im Kinzigtal
Auskunft und Vermittlung:
Anita Schuldt
Hebbrunnenstr. 1
63594 Hasselroth

Tel. 0 60 55/90 97 67

Heiraten im Salzbergwerk
Auskunft erteilt:
Andrea Müller
GSES »Glückauf«
Entwicklungs- und Sicherungsgesellschaft
Schachtstraße 22
99706 Sondershausen

Tel. 0 36 32/65 52 01

Feiern im Museum
Herzog Anton Ulrich
Museum
Museumstraße 1
38100 Braunschweig

Tel. 0531/4842400/1

Feiern auf dem Partyschiff
GbR »Nostalgie«
c/o Thermoplan GmbH
Luegallee 4
40545 Düsseldorf

Tel. 02 11/5 59 08 32
Fax 02 11/5 56 08 98

Hochzeitsservice

Hochzeitstraum-Service GmbH
Herdweg 74/1
70174 Stuttgart

Tel. 0 18 05/21 61 61
(regionale Büros
auf Anfrage)

»Unforgettable«
Elvira Beneke
Türkenstraße 54
80799 München

Tel. 0 89/28 99 67 16
Fax 0 89/28 99 67 17

Fest- und Hochzeitsorganisation
Barbara Donabauer
Forellenweg 57
A- 5020 Salzburg

Tel. 06 62/43 28 41
Fax 06 62/43 28 41-4

Hochzeitslader
Josef Piendl
Am Steinpranger 8
93426 Roding-Trasching

Tel. 0 94 68/12 48

Freiberufliche Theologen

Klaus Schwab
Merianstraße 21
91301 Forchheim

Tel. 0 91 91/3 33 69

Anita Schuldt
Hebbrunnenstr. 1
63594 Hasselroth

Tel. 0 60 55/90 97 67

Für moderne Romantiker
Sie benötigen Anregungen für kleine Liebesbeweise vor und nach der Hochzeit? Werfen Sie mal einen Blick ins Internet!

http://www.SeductionPalace.com
Liefert Ideen vom Liebesschwur bis zum Heiratsantrag

http://www.liebesbriefe.ch
Perfekte Anleitungen fürs Verfassen eines Liebesbriefs

http://www.nando.net/toys/cyrano.html
Liebesbriefe à la Bergerac

http://www.valentine.com
Umfangreiche Bibliothek englischer Liebesbriefe

http://www.godek.com/loveletter.html
Newsletter mit Ideen für kleine Liebesbeweise

Literatur

Boch, Lucia: Blumenschmuck für die Hochzeit. Festliche Sträuße und Gestecke. Naturbuch Verlag, Augsburg, 1995

Buschan, Georg: Die Sitten der Völker, 4. Band, Das Deutsche Volk in Sitte und Brauch. Stuttgart, Berlin, Leipzig, 1922

Deneke, Bernward: Hochzeit. Bibliothek des Germanischen Nationalmuseums Nürnberg zur deutschen Kunst- und Kulturgeschichte, Band 31, München, 1971

Ehe- und Familienrecht, hrsg. vom Bundesministerium der Justiz. 13. überarbeitete Auflage, Bonn, 1997

Hager, Franziska und Hans Heyn: Liab, leb und stirb. Volksbrauch ums Heiraten, Kindlwiegn und die Ewige Ruh. Rosenheim, 1976

Lichem von Löwenberg, Sylvia: Das neue Buch der Etikette, Droemer Knaur, München, 1987

Meyer, Elard Hugo: Volkskunde. Geschichte der deutschen Lebensweise und Kultur. Straßburg, 1898

Schönfeldt, Sybil Gräfin: Das große Ravensburger Buch der Feste & Bräuche. Durch das Jahr und den Lebenslauf. Ravensburg, 1980

Weber-Kellermann, Ingeborg: Saure Wochen Frohe Feste. Fest und Alltag in der Sprache der Bräuche. Bucher, München und Luzern, 1985

Impressum
© 1999 W. Ludwig Buchverlag GmbH in der Verlagshaus Goethestraße GmbH & Co. KG, München

Redaktion
Heidemarie Herzog

Redaktionsleitung
Nina Andres

Bildredaktion
Beate Wagner

Illustrationen
Roger Kausch und Beate Willich (S. 32/33), München

DTP/Satz
Der Buch*macher* Arthur Lenner, München

Produktion
Manfred Metzger

Printed in Italy

Gedruckt auf chlor- und säurearmem Papier

ISBN 3-7787-3758-9

Die Autorin

Beate Volmari lebt und arbeitet in Baden-Württemberg. Die Kunsthistorikerin hat sich auf die Kunst- und Kulturgeschichte des 19. Jahrhunderts, Brauchtum und alte Kinderspiele spezialisiert. Zu diesen Themen erschienen von ihr bereits mehrere Veröffentlichungen.

Haftung

Autor und Verlag bemühen sich um verlässliche Informationen. Dennoch erfolgen alle Angaben ohne Gewähr. Weder die Autorin noch der Verlag können für eventuelle Nachteile oder Schäden, die aus den im Buch gegebenen Hinweisen resultieren, die Haftung übernehmen.

Bildnachweis

Archiv für Kunst und Geschichte, Berlin: 21, 22, 25, 46, 47, 63, 105, 113; Bahnmüller, Wilfried, Gelting: 29; Diagentur Elke Stolt, Ahrensburg: 89 (Otto R. Weisser); IFA-Bilderteam, Taufkirchen: Titel-Freisteller (Rölle); Image plus, München: 56/57; Interfoto: München: 49; Mauritius, Mittenwald: 2/3, 127 (Rosenfeld), 31 (BE & W), 37 (Hubatka), 60, 84, 117 (J. Beck), 95 (Poehlmann), 101 (Iden); Paxmann, Christine, München: 90/91, 106; Privatbesitz: 12, 17; Sperl, Siegfried, München: 39, 42/43, 52/53, 82/83; Südwest Verlagsarchiv, München: Buchrücken (Michael Zuche); Tony Stone, München: 16 (Eric Larrayadieu), 38 (Laurence Dutton), 92 (Les Wies), 103 (Reinhard Siegel)

Diesem Buch liegt die im Juli 1996 in Wien beschlossene und seit 1.8.1998 verbindliche Neuregelung der deutschen Rechtschreibung zu Grunde.

Register